彩绘版

做个最棒的男孩

男孩成长不可不读的100个励志故事

张清雅 编著

中国妇女出版社

图书在版编目（CIP）数据

做个最棒的男孩：男孩成长不可不读的100个励志故事：彩绘版 / 张清雅编著. -- 北京：中国妇女出版社，2015.6
ISBN 978-7-5127-1077-1

Ⅰ.①做… Ⅱ.①张… Ⅲ.①男性－成功心理－青少年读物 Ⅳ.①B848.4-49

中国版本图书馆CIP数据核字(2015)第079356号

做个最棒的男孩
——男孩成长不可不读的100个励志故事（彩绘版）

作　　者：张清雅 编著
责任编辑：陈　元
封面设计：尚世视觉
责任印制：王卫东
出版发行：中国妇女出版社
地　　址：北京东城区史家胡同甲24号　邮政编码：100010
电　　话：（010）65133160（发行部）　65133161（邮购）
网　　址：www.womenbooks.com.cn
经　　销：各地新华书店
印　　刷：北京楠萍印刷有限公司
开　　本：170×240　1/16
印　　张：16
插　　页：8面
字　　数：219千字
版　　次：2015年6月第1版
印　　次：2019年1月第11次
书　　号：ISBN 978-7-5127-1077-1
定　　价：32.80元

那个墨西哥人懒洋洋地说："很简单，你只要坐起来，把驴子的尾巴抬起来，从驴子的屁股和尾巴之间的缝隙看过去，一眼就能看到教堂墙壁上的大钟，自然就会知道准确时间了。"

《会报时间的驴子》

“孩子，你不要因为碰到这种坏蛋就把人看坏了。世上坏蛋是不少，但大多数都是好人，就像你和我一样。”

《挫折与磨难是最好的礼物》

父亲郑重地说道："其实世上没人能做你的镜子，只有自己才是自己的镜子。拿他人做镜子，白痴或许会把自己照成天才的。"

《自己才是自己的镜子》

面对那个人自信的目光，爱波特觉得自己才是一个残障者！爱波特对自己说："既然别人没有脚也能快乐，我当然也可以，因为我有脚！"

《没鞋比没脚幸运得多》

詹姆斯小心地把衣服抱在怀里，急急忙忙地跑到奶奶面前，兴奋地喊着：“奶奶，我给您送阳光来了。”

《把阳光带给奶奶》

弗纳尔教授笑着说："同学们，我想告诉你们的是：要先去做重要的事情，这样才真正算得上正确利用时间。"

《先做重要的事情》

前言

一本书，就是男孩的一盏灯

暗夜沉沉，行路者为何能步履稳健，大胆前行？因为，他有一盏灯为他照亮四方；大海茫茫，轮船为何能坚定不移地奔赴自己的目的地？因为，有一盏灯为它指引方向；青春迷茫，风雨征途，是否有一盏灯为男孩保驾护航？谁又来帮男孩点亮心中的明灯？

其实，一本好书，就是男孩的一盏灯；书中的榜样人物，就是帮男孩点亮明灯的人。

读书能开阔我们的眼界，丰富我们的思想，启迪我们的智慧，慰藉我们的心灵。英国文学家莎士比亚说过："书籍是全世界的营养品，生活里没有书籍，就好像没有阳光；智慧里没有书籍，就好像鸟儿没有翅膀。"确实如此。当年，林肯无意中读到了一本法律书，便对法律产生了兴趣，由此转做律师，最终走上了从政之路；日本科学家小柴昌俊年少时看了班主任赠送给他的一本科普读物，便对物理产生了浓厚的兴趣，长大后还获得了诺贝尔物理学奖……无数个事实证明，书籍能激励我们实现自我价值。

青少年正处于人生的重要阶段，男孩的理想、信念、情操、意志、性格、习惯等，基本都形成于这个阶段。而一本好书，便能为成长中的你点亮心灯，照亮未来之路。因此，当你失意之时，不妨读一本好书，从榜样身上汲取力量，重拾走出困境的勇气；当你感到迷惘时，不妨读一本好书，以理解人生真谛，用新的思维审视生活，活出别样的精彩!

为了帮助男孩从小就胸怀梦想，立志成才，长大成为一个成功的人，我精心编著了这本书。书中包含了100个启迪人心的小故事，让男孩在阅读中对照自我、反思自我、提高自我。这些故事大部分都发生在一些名人身上，他们中有思想家、政治家、军事家、科学家、艺术家、文学家等，这些人在少年时期就显露出超越平庸、出类拔萃的基本素养。通过阅读，每个男孩都能从中体会到思想家们的创新智慧，政治家们的宏韬伟略，军事家们的顽强意志，科学家们的探索精神，艺术家们的自由奔放，文学家们的伟岸正直……这便是榜样的力量，也是本书的意义所在。

当然，本书不仅仅停留于讲故事，除了帮助男孩获得人生的智慧外，还通过“男孩要懂的道理”和“快乐成长金钥匙”栏目，进一步帮助男孩对故事进行理解和吸收，解读与故事相关的知识点，以培养男孩的品行、性格、心态、能力，把自己塑造成优秀的人。因此，本书是男孩不可错过的励志读物。

打开一本书，阅读新奇的世界；打开一本书，聆听美妙的声音；打开一本书，吸收更多的营养；打开一本书，感受快乐和幸福。

男孩们，让我们拿起这本书，做一个快乐的读书人，让怡人的书香陪伴你度过美好的少年时代，让榜样的力量帮你开启人生的梦想，步入成功的殿堂!

目录

第六章 好习惯的报酬是成功……129

第七章 怀着感恩的心去生活……151

第八章 用宽容做人生的底色……173

第九章 学习让你拥有第一竞争力……195

第一章

卓越源自活跃的思维

通向成功的道路就像一个大迷宫，你只有不断转换思维，打破旧的观念和思考方式，才能另辟蹊径找到出路。当你拆掉思维的墙，运用一个又一个新思维去面对眼前的难题时，你会发现，一切错综复杂的问题都能迎刃而解。

激发你的好奇心

一天，打扮成普通市民模样的美国总统林肯和身着便装的几名卫兵一起来到华盛顿大街上。因为当时并没有电视等媒体的传播，也没有无孔不入的狗仔队，所以稍加装扮的林肯总统并没有被人们认出来，所以他十分惬意地享受着闲逛的乐趣。

林肯总统走到一家名为《智慧》的杂志社门前时，发现好多人围在那里，叽叽喳喳地在议论着什么。在好奇心的驱使下，林肯也凑了过去，看到在装修精美的墙壁上有一个钻透的小孔，小孔旁写着几个醒目的大字：不许向里看！这句话就像一句神奇的魔咒不断引发人们的好奇心，所以大家都争先恐后地向里观望。总统先生自然也没有抵御住这种好奇心，他也顺着小孔向里看。其实，孔内并没有什么神奇的事物等待着众人，只有用五彩缤纷的霓虹灯组成的《智慧》杂志的广告。

这个绝妙的广告引得林肯总统哈哈大笑起来，他被这家杂志的广告创意所吸引，于是让秘书为自己订了一份。这本名叫《智慧》的杂志的确很独特，它从内容、装帧、版式、封面设计到印刷质量都是一流水平。所以，从此之后，林肯总统就成了这本杂志的忠实读者。

这天，处理完公务的林肯又拿起最新一期的《智慧》杂志翻阅起来。翻了几页之后，他看到在这本杂志中间有几页没有裁开。这真是令人扫兴的失误，所以林肯顺手就将杂志放到了一边。临睡前，林肯又突然想到了那本杂志，他觉得这既然是一本风靡各地的杂志，那么它在管理方面应该是非常严格的，怎么会出现这种连页现象呢？难道这次也是像以前那个小孔一样，又是杂志社搞的新花样？

越想越奇怪的林肯马上翻身下床，然后找到那本连页的杂志用小刀轻轻地裁开那几页纸，但裁开之后却发现连页中的一节内容被纸糊住了。

“或许被糊住的地方是印错了。”林肯暗想道。但印错的内容又是什么呢？林肯在好奇心的驱使下又用小刀一点点地撬起了糊着的纸。结果发现，下面竟写着这样几行字：

亲爱的读者，恭喜您！您用您的好奇心和接受新事物的能力获得了本刊的奖金，现请将杂志退还本社，我们将负责调换并给您寄去奖金。

《智慧》编辑部

《智慧》编辑部这种启发读者智慧和好奇心的做法令林肯十分欣赏，所以他热心地给杂志社写了一封信，并且附上了自己的一些建议。几天后，林肯不但获得了奖金和一本新调换的杂志，还有编辑部的一封回信：“尊敬的总统先生，在我们这次故意印错的300本杂志中，只有8个人从中获得了奖金，大部分读者都采取了将杂志寄回杂志社重新调换的做法，您的确是真正的智者。并且根据您来信的建议，我们决定将杂志改名。”

改名后的杂志就是至今风靡世界的《读者文摘》。

男孩要懂的道理

著名作家塞缪尔·约翰逊说过：“好奇心是智慧富有活力的最持久、最可靠的特征之一。”没错，好奇心的确是男孩获取知识与智慧的原动力，同时好奇心也能激发男孩积极地思考。如果男孩不想被固定思维绑缚住手脚，那么就要在好奇心的驱使下不断去探索真理，求取真相。只有这样，才会增长更多的智慧，并发现更多有意思的事物。

快乐成长金钥匙

如何培养好奇心

英国著名哲学家弗朗西斯·培根说过：“知识是一种快乐，而好奇则是知识的萌芽。”的确如此，好奇心、求知欲是男孩获取知识、增长智慧的源泉。一个男孩提出的问题越多，那么他认识的东西就越多，而且男孩的记忆力也会变得更加敏锐。所以，你一定要时时保持自己的好奇心和求知欲。那么，如何培养好奇心呢？

首先，你对任何事物都要抱着有趣、好玩的态度。如果你对一件事物抱着有趣的态度，那么就会激起你做事的积极性。

其次，你不要忙着给事物贴上无聊的标签。例如，你觉得学习英语是一件枯燥而无聊的事情，那么你就会对它失去兴趣，进而失去取得进步的机会。

最后，你要学会不停地发问，就像玩“藏宝游戏”一样，找到一个问题的答案之后，马上给自己提出一个新问题，继续保持兴趣寻找答案。这个过程就是积极思考和获取知识的过程。

总之，只要你有一颗热情、敢于冒险、勇于挑战、积极上进的心，那么你的世界就会变得丰富多彩起来。

“38滴型”焊接机

美国石油大王洛克菲勒年轻的时候曾经在一家石油公司里当过小职员，每天的任务就是检查石油罐盖焊接好没有。对于希望出人头地的年轻人来说，这简直是公司里最简单枯燥的乏味工作，没人愿意干这件事。洛克菲勒也觉得整天看一个个铁盖太没有意思了，简直是在浪费时间。所以他去找自己的上司要求调换工作，但是上司对他说：“年轻人，不行，别的工作你干不好。”

调换工作失败的洛克菲勒沮丧极了，他只好回到焊接机旁，继续检查那些油罐盖上的焊接圈。心想：“既然好工作没有我的份，那么就先把这份枯燥无味的工作做好吧!”

从此，洛克菲勒静下心来，仔细观察焊接的全过程。或许是他观察得太仔细，也可能太无聊，他发现焊接好一个石油罐盖，共用39滴焊接剂。为什么一定要用39滴呢？38滴不行吗？在洛克菲勒以前，已经有很多人干过这份工作，但没人想过这个问题。年轻的洛克菲勒不但想了，而且认真测算试验。最后测验结果告诉他，焊接好一个石油罐盖，只需38滴焊接剂就足够了。洛克菲勒觉得自己在最没有机会施展才华的工作上找到了用武之地，兴奋至极的他立刻为节省一滴焊接剂而开始努力工作。

事实上，原有的自动焊接机是为每罐消耗39滴焊接剂专门设计的，根本无法实现每罐减少一滴焊接剂的目标。洛克菲勒决定研制新的焊接机。经过无数次失败与尝试，他终于成功研制出了“38滴型”焊接机。

这种“38滴型”焊接机，每焊接一个罐盖可节省一滴焊接剂。照此推算，一年下来，洛克菲勒竟为公司节省开支5万美元。这样一个肯动脑，并且能为公司每年创造5万美元价值的人，谁还敢小瞧他呢？由此，洛克菲勒迈出了成功的第一步。

许多年后，已经成功的洛克菲勒常被人问起自己成功的秘诀，他总是笑着说：“我没有什么特别的成功秘诀，唯一能说的就是我重视每一件小事。我是从一滴焊接剂做起的，对我来说，点滴就是大海。”

男孩要懂的道理

生活中，很多男孩总是羡慕别人的幸运和成就，认为自己无论怎么努力都不会成功。其实，任何人的成功都是需要自己努力的。一个人如果不从点滴做起，总是轻视那些看似不起眼的小事，又懒得思考，那么成功是不会垂青于你的。你只有学会仔细观察生活，努力思考，不断打开自己的思维之门，才能更快地取得成功。

快乐成长金钥匙

如何提高观察力

英国著名生物学家达尔文说过：“我既没有突出的理解力，也没有过人的机智，只是在觉察那些稍纵即逝的事物并对其进行精细观察的能力上，我可能在众人之上。”可见，观察力对于男孩来说尤为重要，甚至会像洛克菲勒那样成为自己获得成功的关键。那么，如何提高观察力呢？

首先，你要明确观察的任务和目的性。生活中有很多男孩在观察事物的时候，不是东看看、西瞅瞅，就是漫无目的地“走马观花”，根本没有集中注意力，到最后甚至忘记了观察的目的。所以，要想提高你的观察力，就必须在观察开始前给自己一个明确的任务和目标。

其次，你要掌握一定的观察方法。科学有效的观察方法有助于男孩更全面、更彻底地理解自己想要观察的事物，而且可以帮助你从不同的角度、顺序等方面去观察同一事物。一般来说，观察方法主要有顺序观察法、比较观察法、隐蔽观察法、整体观察法、时间观察法等。

最后，你要有充足的知识储备。真正有效的观察，一定要具备对观察对象的预备知识，只有对观察对象有了一定的认识，才能理解得更深入。

第一架室外电梯

美国加州圣地亚哥市有一家老牌饭店，名叫柯特大饭店。这家饭店生意非常红火，每天都要迎接很多客人，但是因为它原先配套设计的电梯过于狭小老旧，已经无法适应越来越大的客流量，而且很多顾客也因为电梯的事情很扫兴。

饭店老板每天都会听到很多顾客对饭店电梯的抱怨，所以他准备改建一部新式的电梯。于是饭店老板重金聘请了全国一流的建筑师和工程师，请他们就“如何改建电梯”一事共同商讨。

经验丰富的建筑师和工程师在讨论之后，一同得出的结论是：柯特大饭店必须新换一部大电梯。不过，要安装好这部新电梯，饭店必须停止营业半年。

半年时间不营业，这对生意兴隆的柯特大饭店是非常巨大的经济损失。所以眉头紧锁的饭店老板说："除了关闭饭店半年，就没有别的办法了吗？半年对我来说造成的损失很大。"

建筑师和工程师自信地说："没有别的方案，必须这样。"众人正在讨论的时候，刚好在附近的一名清洁工听到了他们的谈话。听完之后，这名清洁工对一脸忧愁的老板和那两位一脸自信的专家说："假如换作我，一定会换另一种方法来安装这部电梯！"

"什么方法？"建筑师和工程师不屑地问。

"我会直接在屋子外面装上电梯。"

建筑师和工程师顿时诧异得说不出话来，这真是一个绝妙的主意。没过多久，柯特大饭店就在屋外装上了一部新电梯。在建筑史上这还是第一次把电梯安装在室外。

男孩要懂的道理

美国石油大王约翰·洛克菲勒说过："如果你要成功，你应该朝新的道路前进，不要跟随被踩烂了的成功之路。"的确，没有创新就不会有更高的成就，没有创新就永远会被别人的光芒所掩盖。很多时候，男孩应该学着换一种思路，去勇敢地踏出别人没有踏出的那一步。当你不断用创新思维去改变自己的生活时，你会发现，即使面对同样一个问题，你的思路越新颖，收获往往越大。

快乐成长金钥匙

如何培养创新思维

法国著名数学家费尔马说过："作出重大发明创造的年轻人，大多是敢于向千年不变的戒规、定律挑战的人。他们做出了大师们认为不可能的事情来，让世人大吃一惊。"没错，具有创新思维的男孩并不一定是天才，但只要你不断激发出自己的创新潜力，那么就会取得很大的成就。那么，该如何培养创新思维呢？

首先，你要努力克服创新思维的种种屏障，例如，你要不断打破思维定式，像从众型思维定式、经验型思维定式、权威型思维定式和自我中心型思维定式等，只有打破这些思维定式，你才能踏出创新的第一步。

其次，丢掉你的“约拿情结”。所谓约拿情结，就是人在机遇面前自我逃避、害怕成功与失败、退后畏缩，甚至逃避发掘自己潜力的一种心理。只有丢掉这种阻碍你积极上进的心理，你才能闯出一片属于自己的天空。

最后，你要始终对自然奥秘保持一种好奇心和冒险意识，要对自己有信心，切忌怀疑自己的能力，不要一尝试新事物就感到手足无措，而要勇敢地去探求新知识和新领域。

“致命”的蚊子

艾伦下班回到家的时候，突然觉得左耳一阵微痒。妻子玛莎立即说：“亲爱的，你必须去看医生。要知道，实际上有太多的人往往因不够小心谨慎而酿成大患。”

艾伦听从了妻子的建议，来到了医院。医生大概用30多分钟来查看艾伦的耳朵，然后对他说：“艾伦先生，您只需服用几粒青霉素药片，就可以很快消除您的症状。”

遵照医嘱，艾伦吃了药。没过多久，艾伦左耳的微痒症状消失了。但唯一影响他愉快心情的是腹部起了一些红斑，像无数的蚂蚁在腹部爬，难受极了。

于是，艾伦又找了一位专家。这位专家只看了一眼，就跟他说道：“您的身体对青霉素有过敏反应，不用担心，您服用十几粒金霉素药丸，过几天就好了。”

这位专家的话很快得到验证，金霉素的确让艾伦腹部的红斑消失了。但可惜的是，金霉素也产生了意想不到的副作用，艾伦的膝盖水肿了，而且他还一直发高热。所以，他不得不拖着沉重的身躯又去了另一位资深老专家那里。

老专家看着被病痛折磨的艾伦，安慰他说："艾伦先生，您的这种症状我们常常会遇到，应该是与金霉素的疗效密切相关。"之后，老专家给了艾伦一张32粒土霉素药片的药方。

不愧是老专家，艾伦的高热很快就退了，膝盖也不再水肿了。但是艾伦的肾脏出现了致命的疼痛。这一次，艾伦已经没有力气去医院了，他只得把专家请到自己的病榻前。这位专家告诉他，是因为服用土霉素导致他肾脏被感染，如果不赶快救治，很快会出现致命的问题。所以，这位专家让护士给艾伦打了64针链霉素，将他体内的细菌统统消灭干净。

之后，艾伦和妻子决定到大医院做一个全面的身体检查，结果显示：艾伦的身体已经非常糟糕。医生告诉他只有大剂量氯霉素才能挽救艾伦的生命。

于是，艾伦服下了大剂量的氯霉素。经过与病痛不断的斗争，艾伦还是倒下了，离开了他所喜欢的世界。前来参加葬礼的人很多，人们互相传递着艾伦与病魔英勇抗争的感人事迹，哀叹为何年轻的他就这样离开了。但又有谁清楚，当初艾伦左耳的微痒是由一只蚊子的叮咬引起的呢?

男孩要懂的道理

很多时候，思考问题不能只简单地看到一面，一定要首先搞清楚问题的根源是什么。如果你不事先知道自己真正要解决的实质问题是什么，那么错误的判断很可能一个接一个地出现，由此引起的后果很可能是致命的。所以，遇到问题要从根源上思考再思考，千万不要像艾伦那样因为一只蚊子而丢了性命。

快乐成长金钥匙

怎样正确思考

高尔基说过这样一句话：“懒于思索，不愿意钻研和深入理解，自满或满足于微不足道的知识，都是智力贫乏的原因。这种贫乏用一个词来称呼，就是‘愚蠢’。”世上没有人愿意成为一个愚蠢的人，而让自己变聪明的唯一途径就是思考。那么，怎样才能学会正确思考呢？

首先，你要懂得区分事实与纯粹的信息，因为很多信息并不建立在事实之上。就拿上述艾伦的故事来说，因为妻子、医生以及艾伦自己对他左耳的微痒，并没有查清楚事实，于是在以后并不准确的信息上作出了错误的判断，最后造成了悲惨的结局。所以，当你决定思考某个事物的时候，一定要对搜集到的信息加以分辨，把是否重要、是否相关等情况弄清楚，这样思考的方向以及作出的判断才不会错。

其次，你要学会三思而后行。因为很多时候你思考的时间短或者在一时冲动之下，只随意想到一面，接着就做出决定，那么这样的决定很可能就是错误的，甚至会伤害到自己和他人。

最后，尽量让思考成熟一些，哪怕多花点儿时间，因为只有准备充分，才能把事情做得更好。

如何安全地运送犯人

18世纪末的时候，英国将澳洲宣布为自己的领地。但是面对辽阔而又荒凉的澳洲大陆，没有英国人愿意举家携口地去开发这片看似没有希望的土地。无奈之下，英国政府只好将监狱里的罪犯统统发配到澳洲去。

从英国到澳洲需要在充满危险与未知的大海上长途跋涉，一些私人船主承包了大规模运送犯人的工作，而为了便于计算，英国政府便以上船的人数为依据支付船主费用。

当时运送犯人的船只大多是由破旧的货船改装的，里面不但设施简陋，而且没有储备药品，更没有随行的医生，条件极其恶劣。再加上以牟取暴利为主的私人船主们每次上船前尽可能多装犯人，一旦自己的船离了岸，那么已经按人数拿到钱的船主就对船上装载的犯人的死活不闻不问了。有些更为黑心的船主还把船上犯人的生活标准降到最低，甚至故意断水断食，这也直接导致了3年间从英国运到澳洲的犯人在船上的死亡率高达1/10，有的更高达2/5。这样高的死亡率，不仅让英国政府遭受了巨大的经济和人力资源损失，广大的英国民众对此也极为不满。毕竟那些罪犯也是有血有肉的人，他们也有生存的权利。

有什么办法可以改善这种糟糕的状况呢？英国政府一开始决定在每艘船上派一名官员监督，再派一名医生负责医疗，并且对犯人的生活标准做了硬性规定。没想到这种方法起到了更为严重的反效果，运送犯人的死亡率不降反升，甚至连有的监督官和医生也不明不白地死在船上。究其原因，是一些残暴的私人船主为了贪利而行贿监督官，监督官如果拒不顺从，就被扔进大海。

后来，英国一些上层人士提出，把私人船主召集起来进行思想教育，也有些法官建议政府对一些船主进行严厉制裁。但这些方法都没有起到很好的作用。

这时，一位英国议员想到了这样一个问题：那些私人船主之所以敢这样猖狂，是因为政府的制度存在缺陷，这个缺陷在于政府付给私人船主的报酬是以上船人数来计算的。如果反过来，政府以到澳洲上岸的人数为准计算报酬，那么情况是不是就不一样了呢？这个建议被政府采纳，并且很快实施。从此之后，不论在英国海岸装了多少人，到澳洲上岸时再清点人数，并依照到岸人数向私人船主支付运费。

没想到，难题就这样轻易地解决了。那些私人船主开始积极聘请医生跟船，还在船上储备大量的药品和食物，尽可能让每一个犯人都健康抵达澳洲。要知道，在船上死掉一个人就意味着自己减少一份收入。

这项新制度实施不久，英国政府又做了一个调查，结果显示：自从实行以上岸计数付费的办法后，船上犯人的死亡率降到了百分之一，甚至那些运载几百人的船只，经过几个月的长途远航竟然没有一人死亡。

男孩要懂的道理

你每天都会遇到各种各样的事情，那么很多时候你有没有“倒过来想”呢？其实，有些看似很复杂很难解决的问题，只要我们运用逆向思维，时不时地“倒过来想一下”，那么你会发现难题也许就迎刃而解了。解决问题的方法有时不止一种，关键在于你有没有想过哪一种是最好的解决方法，毕竟解决问题的方法不同，结果也有可能完全不同。所以，在思考问题时，要找到恰当的应对方法，才能切实地解决问题。

快乐成长金钥匙

如何培养逆向思维

所谓逆向思维，就是“反其道而行之”，它可以轻松帮助你解决日常生活中的难题，而且还能将复杂的问题简单化，帮助你省去很多的麻烦。那么，如何培养逆向思维呢？

首先，你要掌握逆向思维的几种形式。一般来说，逆向思维的形式包括原理逆向、功能逆向、属性逆向、结构逆向、程序逆向或者方向逆向、观念逆向等。例如，你把固有的观念反着去想，那么就会得出完全不同的结论，发现另一个神奇的世界。

其次，你要学会熟练运用逆向思维的方法，如回到起点重新分析问题另辟蹊径的还原分析法，利用事物的缺点进行创新的缺点逆用法，从已知事物的相反方向进行思考的反转型逆向思维法，转换角度思考问题的转换型逆向思维法，等等。

总之，你在想问题的时候，最好试着“反着”去想一下，说不定就会有新的想法出来。

一幅画引起的风波

巴德在美术展览馆购买了一幅油画，他打算把这幅画挂在客厅里，正巧朋友艾布特来找他，两人就决定一起完成这个“小任务”。当巴德在墙上确定好挂油画的位置，并打算钉钉子的时候，艾布特摇着头说：“巴德，我觉得这样不太好，你最好先钉一块木板，然后把画挂在木板上面。”巴德遵从了艾布特的意见，并让艾布特帮着去找一块木板。

很快，艾布特找来了木板。巴德正要钉上去时，艾布特又说：“等一下，这块木板有点儿大，我想最好能锯掉一点儿。”于是两人便四处找锯子。结果找来了锯子还没锯两下，艾布特又说：“巴德，不行，这把锯子太钝了，得锉一锉。”

艾布特的家里正巧有一把锉刀，可他拿来锉刀后，又发现锉刀没有把柄。于是，为了给锉刀安把柄，艾布特又去巴德家后院的灌木丛里寻找小树。要砍下小树时，他发现巴德那把生满铁锈的斧头实在不能用。没办法，他只好又找来磨刀石，不过，固定磨刀石也不简单，他必须制作一个固定木架。为此，着急忙慌的艾布特又要去找一个木匠，他说木匠家有现成的。

艾布特这一走，巴德就再也没见他回来。当然，那幅油画，巴德还是一边一个钉子把它钉在了墙上。

等到几小时之后，巴德才在街上看到艾布特，那时的艾布特正在帮木匠从商店里往外拖一台笨重的电锯——为了做磨刀石架，他们得将一棵大树锯开……

男孩要懂的道理

很多时候明明一件很简单的事情，有些人偏偏要把它复杂化，不但没有更快地解决眼前的问题，反而给自己增加了更多的问题和烦恼。所以，无论是学习、生活，还是为人处世，男孩都要学着把事情简单化，这样往往能达到事半功倍的效果。

快乐成长金钥匙

简单思维，快乐生活

法国作家法朗士说过这样一句话："世事本身就错综复杂并充满混乱，世事的复杂往往令人迷失。"可见，复杂带给人们的更多是混乱、迷茫、毫无头绪和无所适从，而简单就不一样，如果在现实生活中，你能学会把复杂化为简单，那么就会省去很多麻烦。

我国著名思维训练专家袁劲松说过："由简单到复杂是自然进化之道，由复杂到简单是智慧进化之道。"他还认为，简单思维就是以"简单"为核心的思维方式，这种思维能帮助你在复杂的日常生活和学习中，学会化繁为简，省去很多的麻烦和烦恼。

当然，简单思维并不是幼稚的、简陋的、机械的、不动脑子的思维方式，它只是在教会你如何更加轻松、快乐地生活和面对那些看似复杂的问题，这是真正有智慧的人运用的一种思维方式。

其实，简单生活是一种生存智慧，你应该努力去追求简单而快乐的生活。

会报时间的驴子

墨西哥有一座美丽的小镇，小镇的广场上经常聚集着很多人，有远道而来的游客，有休闲的小镇居民，还有一些小商贩。这个广场旁边还有一座庄严的教堂，教堂的墙壁上有一座年代久远的大钟。

这天，来小镇旅游的美国人卡尔文走到了小镇广场，因为忘记了戴手表，又恰巧没看到大钟，所以卡尔文不知道现在是什么时间。这时，他听到了一声驴叫，然后看到驴的旁边躺着一个戴大帽子、蓄八字须的墨西哥人，这个人在广场边的花圃旁睡得很香。此时，广场上除了那个睡着的墨西哥人和卡尔文自己，再也没有其他人了。于是，卡尔文走过去说："对不起，打扰一下，请问现在几点了？"

被吵醒的墨西哥人嘟囔着睁开眼睛，将驴子的尾巴抬起来，然后凝神静气地想了一会儿，对卡尔文说："现在是下午2点整。"

卡尔文只当这个墨西哥人在开玩笑，便随手打开了自己的收音机。没想到收音机正在报时，时间恰好是下午2点。

卡尔文独自在各处转悠了很长时间后，再次走到那个墨西哥人跟前问："先生，现在几点了？"

再次被吵醒的墨西哥人揉揉眼睛，然后再次把驴子的尾巴抬起来看了看，告诉卡尔文说："现在是下午4点半。"

经过验证，果然分秒不差。卡尔文大为惊奇，于是他决定把那头会报时的驴子买下来。

"麻烦您，先生，"付过驴钱的卡尔文恭敬地问墨西哥人，"怎样才能让驴子告诉我准确的时间呢？"

那个墨西哥人懒洋洋地说："很简单，你只要坐起来，把驴子的尾巴抬起来，从驴子的屁股和尾巴之间的缝隙看过去，一眼就能看到教堂墙壁上的大钟，自然就会知道准确时间了。"

男孩要懂的道理

不要嘲笑卡尔文的愚钝，因为很多时候你也可能会犯同样的错误。这个世界上有太多的人只看得见事物的表面，而不去探究事物的本质，进而就会做出一些令人啼笑皆非的傻事。所以，男孩要学会透过现象看本质，千万不要被表面现象所迷惑。

快乐成长金钥匙

如何透过现象看本质

要想真正看清楚某一事物，必须有透过现象看本质的能力，否则你看到的事物就是片面的、单一的、不准确的。那么，如何透过现象看本质呢？

首先，你要记住“去粗取精、去伪存真、由此及彼、由表及里”这16个字，只要你能正确运用它们，那么就能透过现象看到事物的本质。

其次，在观察事物或者行动之前，你要做到心中有数。那些真正能够准确看清事物、取得成功的人，他们事先都会仔细观察、认真思考，然后再采取行动。

最后，你要多学习、多汲取知识。一个没有知识储备的人，他看待问题自然目光狭窄，容易被表象所迷惑。只有广博的知识和科学的见解才能帮助你正确看清事物的本质。

招聘会上的测试题

美国一家大公司的总裁在招聘员工的时候，别出心裁地设计了这样一个题目：如果在一个狂风暴雨交加的夜晚，你开着一辆豪华汽车，途经一个车站。此时，有三个人正在焦急地等待公共汽车的到来，一个是生命危在旦夕、气若游丝的老人；一个是曾经救过你性命、你做梦都想报答的医生；最后一个是让你一见倾心的异性，假如你这次错过了，你将后悔一生。但可惜的是，你的车只能坐一个人，那么你会如何选择呢？请解释一下你的理由。

面对这个令人纠结而又奇怪的招聘题目，参加招聘的人员给出了各种各样的答案：

有的选择救那个老人。毕竟人命关天，没有什么比救人更重要的了。医生的恩情可以以后再还，至于美丽心仪的对象，说不定某一天还会再见面。

有的选择帮那个医生。因为每个老人最后都会死，更何况眼前的老人已经活不长久，说不定车到半路他就去见上帝了。还是先救医生吧，毕竟这是报恩的绝好机会。

有的选择帮令自己心仪的异性。因为真爱难求，缘分难遇。有的人一生也遇不到令自己心动的人，现在好不容易遇到怎么可以轻易放手，千万不能让自己终生遗憾。

……

在几百名应聘者中，只有一个人的答案符合这家公司总裁的要求，自然他被雇用了。这个幸运的人并没有解释自己的理由，他只是说了这样的话："把车钥匙给医生，让他带着老人去医院，我留下来陪伴一见倾心的人等候公共汽车！"

男孩要懂的道理

想问题、看事情，千万不要死脑筋。很多时候，你让思维转个弯，会发现原本令人为难的问题就迎刃而解了。其实，现实生活中的很多问题以及你遇到的认为很难解决的问题，并不是你找不到解决的办法，也不是你能力不够、不聪明，而是你的思维没有学会转个弯。

快乐成长金钥匙

幸福生活在思维转弯处

俗话说："脑瓜开了窍，到处都是宝。"当你遇到难题、挫折、矛盾、危机的时候，如果可以让自己的思维转个弯，那么你就可收到曲径通幽、柳暗花明的奇妙效果。相反，那些总是用死脑筋、旧观念、老眼光看待问题或者事物的人，很可能撞了南墙也不回头，永远跳不出思维的禁锢，结果始终无法找到解决问题的办法。

曾经有一个叫皮尔斯的英国葡萄园园主，面对葡萄丰收但劳动力短缺这一糟糕状况，他没有像其他园主那样坐以待毙，而是远去伦敦打了这样一则广告：“每天20欧元就可以让你体验到采摘葡萄的乐趣，若想喝到亲手酿造的葡萄酒，速与皮尔斯联系。”就是这样一个转换思维的好点子，让他顺利地渡过困境，而且还大赚了一笔。可见，让思维转个弯，有时会给你带来更大的快乐。

我们虽然常说“车到山前必有路”，但如果你不懂得换种思维，那么就算有了路你也可能看不到、走不通。所以，很多时候不如让自己的思维转个弯，学会“四两拨千斤”的大智慧，你会发现幸福、快乐的生活原来离自己这么近，只是以前自己没有想到而已。

想别人所想不到的事

著名的航海家哥伦布是地理大发现的先驱者，曾经为了横越大西洋，他精心筹划了18年。这十几年间，他不断因为自己的冒险精神和航海事业遭到别人的嘲笑和奚落，更被认为是愚蠢的梦想家。

但这些都没有阻碍这位冒险家的脚步，经过无数次辩论和游说，哥伦布的真诚和信念最后感动了西班牙国王和王后，于是，他们给了哥伦布远航的船只。历经艰险，哥伦布终于成功地渡过了大西洋，并发现了美洲大陆。当哥伦布再次踏上西班牙的国土时，举国欢腾，人们对这位无畏的航海家充满了崇敬之情。很快，国王和王后在豪华的宫廷里设宴款待他，饶有兴趣地听他讲述航海过程中的艰险以及令人着迷的奇闻逸事。

看到国王和王后如此器重哥伦布，很多人对他的荣耀以及成功充满了忌妒。那些人不屑地在席间到处散播：“不就是一个整天做白日梦的穷水手吗？只要有足够大的船只，任何人都能横渡大西洋。”

这样狂妄的污蔑与自大的言论并没有让哥伦布恼怒。他只是从容地对那些不满和怀疑他的人说："如果在座的各位有兴趣，我想提议大家做一个小游戏。这个游戏很简单，看谁能把一个鸡蛋竖立起来。"

众人都在尝试着把鸡蛋立起来，但没人成功。最后大家一致认为，把鸡蛋竖立起来是根本不可能办到的事情。此时，哥伦布顺手拿起一个鸡蛋，只见他把鸡蛋尖端往桌面上轻轻一磕，鸡蛋就稳稳地立住了。

面对众人或惊讶、或不屑的眼神，哥伦布严肃地说："各位，这件事情你们都说不可能办到，但是我办到了。其实，这是世界上最简单的事情，不过，等你们都知道怎么做之后，所有人都能做到了，问题的关键在于谁先想到。"

男孩要懂的道理

很多男孩常说"机会都被别人抢先了"或者"其实我也能想得到，要不然这成功就是属于我的了"。没错，我们身边那些成功的人似乎永远比自己多想一步，与其哀叹"为什么不是我先想到的"，不如多展开自己的想象力，像哥伦布那样比别人先想到，把握住先机，你才能取得与众不同的成功与荣耀。

快乐成长金钥匙

怎样提高想象力

著名的科学巨匠爱因斯坦说过："想象力比知识更重要，因为知识是有限的，而想象力概括世界上的一切，推动着进步，并且是知识进化的源泉。"其实，想象力对于男孩来说就是梦想的翅膀，有了丰富的想象力，再加上不断地努力和探索，你一定会取得非凡的成就。那么，怎样提高想象力呢？

首先，你要不断丰富自己的生活经验，保持强烈的好奇心。生活展现在你面前的大多是实物，例如，一个四角凳、一条紫色的鱼、忽明忽暗的灯光……这些具体形象都是存在于你头脑中的表象，它们都是你想象的基础。只有不断积累这些东西，你的想象力才会越来越丰富。同时，好奇心是你保持想象力不可缺少的因素，所以要用好奇心去探索新事物，这样才能为想象力的发展打下牢固基础。

其次，你要敢于天马行空地想象，但要注意分寸，因为只有合理的幻想才是创造力的开始，也才是想象最终要实现的目标。

最后，你要多观察、多思考、多动手。任何科学、合理、极具创造性的想象力都是对日常生活仔细观察和认真思考的结果，因此，平时要在观察、思考的基础上，努力把自己的设想变成现实，从而实现想象力的价值。

毕加索的成功

西班牙著名画家、雕塑家毕加索是现代艺术、立体画派的创始人，更是当代西方最有创造性和影响最深远的艺术家，他和他的作品在世界艺术史上占据了不朽的地位。作为美术教师的儿子，毕加索自幼就具有非凡的艺术才能。但就是这样一个天赋异禀、风光无限的大师，在他年轻的时候也曾经有过不堪回首的日子。

在毕加索刚到巴黎时，谁都不认识他。在巴黎的街头，像他这样夹着一块画布的年轻人到处都是，而且那时候画店的老板眼里只有名家名作，店里摆放的自然也都是名家画作，对于像毕加索这样初出茅庐的小伙子，他们是看不上眼的。所以尚未成名的毕加索和很多人一样四处碰壁，穷困潦倒。

这天，毕加索摸摸自己干瘪的口袋，那里只剩下15个银币。如果他再卖不出去画，只能带着惨败的心情打道回府了。但是年轻的毕加索没有放弃，他决定在离开巴黎前的最后几天里孤注一掷，进行一次改变他人生的计划。

在接下来的一个月中，整个巴黎的画廊老板都发了疯地在寻找一个叫“毕加索”的画家。因为每天至少会有一两个人来画廊四处转悠，在所有的画作前都看上两眼，却什么都不买。不过他们在临走之前，总是会问这样一句话：“请问，这里有毕加索的画吗？”

“请问，这里有毕加索的画吗”这句询问无数次在画廊响起，使得原本默默无闻的毕加索的名字瞬间成了画商嘴里的常用词。

“谁是毕加索？有谁看过他的画？”按捺不住激动与好奇的人们，开始四处打探毕加索。直到一个月之后，年轻的毕加索带着他那些一直无法卖出的画出现了。

毕加索的出现就像久旱之后的甘霖，一下子牢牢抓住了众人的心，很快，他的画作就被画商们一抢而空。于是，毕加索这个被巴黎主流画界一直拒之门外的年轻画家一举成名了。

这中间到底发生了什么事情呢？原来，毕加索用那15个银币雇用了几名大学生，成功地将自己的身份进行了调转，进而使人们更早地欣赏到这位天才画家的艺术才能。

男孩要懂的道理

一个人要想成功，光靠天赋和辛勤的努力并不够，还需要你学会转换自己的思维方式。当你学着换种思维来解决自己遇到的问题时，你会发现原本以为无路可走的地方又出现了转机，原本认为必定失败的时候成功却悄然而至了。可见，很多时候，不是成功不青睐你，也不是生活故意为难你，而是你没有换种思维看问题。

快乐成长金钥匙

换种思维，换个人生

北宋大诗人苏轼曾写道：“横看成岭侧成峰，远近高低各不同。”可见，从不同的角度去看同一件事物，我们得出的结论也是不同的。所以，很多时候，如果你换种思维、换种角度去看问题，人生的格局也许会发生很大的变化。

当然，作为一个普通的男孩，你也许和大多数人一样都有思维定式，对自己周围事物的认识或者见解和别人没什么不同，但只要你有改变的心，学会换种思维方式考虑问题，那么这一点儿小小的改变就能为你带来大大的不同。

无论是学习还是生活，你都没有必要一条路走到底，例如，学英语这种方法不行，你可以换一种方法来尝试，说不定最后的学习效果会大不一样。不要人云亦云，也不要让别人的表现影响你，你要对自己的人生负责。

所以，改变人生路，就要从改变思维方式开始。

第二章

让信念的力量伴随你成长

信念具有非常神奇的力量，如果你坚信自己会成功，并为之努力，那么你一定会有所成就；如果你有信念面对苦难，那么一切挫折都是你前进的动力；如果你满怀热忱从不放弃，那么这种信念会为你带来成功。信念就像预示成功的灯塔，只要你坚定地拥有它，那么你在漫漫人生路上就不会迷失方向。

第一辆火车的诞生

1781年6月的一天，斯蒂芬逊出生在诺森伯兰城一个煤矿工人家庭。因为家境贫寒，父母又都不识字，斯蒂芬逊并没有像同龄的孩子那样去上学，他8岁就成了放牛娃，10岁就开始在煤矿上做些杂活儿，14岁时，他就跟着父亲到煤矿上工。

因为出身低微、家境贫寒，斯蒂芬逊没少受别人的欺负和嘲讽，但是他从来都不把这些放在心上。

不见天日的煤矿里，年少的斯蒂芬逊经历了最艰苦的劳动，看着父辈们艰辛地劳动，他下定决心一定要发明一种能够不用人力运煤的机器。斯蒂芬逊20岁那年，英国人特雷维希克制造出第一辆蒸汽机车。当时这辆在马路上试行的机车，受到很多人的嘲笑。有些人讥讽特雷维希克说："你口中所谓的火车还不如我的四轮马车跑得快呢。"面对周围人的轻视与嘲弄，特雷维希克一气之下便不再去研制火车了。

但是这却让斯蒂芬逊来了兴趣，他不顾周围人的反对找到特雷维希克，要跟他学习研制火车。特雷维希克看着这个一脸坚定的年轻人说："你如果不怕世人的讥讽，那就去一个人研制火车好了，这种蠢事我是再也不会干了。"

特雷维希克的拒绝并没有让斯蒂芬逊灰心，相反，他相信只要自己努力，一定能够成功。他想："煤矿上的蒸汽机能把深井里的水抽上来，特雷维希克制造的机车能拉动十几吨重的东西，这些巨大的力量来自何处呢？"斯蒂芬逊仔细观察，反复思考，终于悟出了其中的道理：火车拉得多、跑得快，全靠"大力士"蒸汽机。

但是，对于蒸汽机的原理，没有上过学的斯蒂芬逊并不知道，但他不怕苦、有自信，所以经过步行1000多公里的长途跋涉，他来到瓦特的故乡苏格兰，在那里用心学习研究了一年。1814年，33岁的斯蒂芬逊在总结和掌握了前人制造蒸汽机车的经验教训以后，终于制造出了他的第一辆蒸汽机车“布鲁海尔”号。

接下来，斯蒂芬逊进行了第一次试车。“布鲁海尔”号的车头运行在平滑的轨道上，牵引着8节车厢，载重30吨，虽然这辆车行驶时不会脱轨，但行驶的速度很慢；同时，因为没有装配弹簧，车在运行的时候震动得很厉害。

这时，有人嘲笑斯蒂芬逊说：“你的车连马车都不如！”也有人说：“你那个大家伙拉东西不中用，而且声音更是比打雷还响，把牛和马都给吓跑啦！”就连原先一直赞成和支持试验蒸汽机车的官员现在也开始反对了，断言用蒸汽机车做交通工具根本行不通。

但是斯蒂芬逊并没有因为这些阻碍的声音而放弃自己的理想，他继续充满自信地对火车头进行研究和改进。1825年9月末的一天，斯蒂芬逊制造的“旅行1号”机车在斯托克顿—达灵顿铁路上试车。当时很多人都在替斯蒂芬逊捏着一把汗，担心他这次试车再遭失败，但更多的人是存着幸灾乐祸的心理来的。

斯蒂芬逊熟练地操纵着机车，蒸汽引擎吸入大量气体，又放出部分蒸汽，呼呼作响的声音让周围观看的人不得不避闪，那些胆小的人更是惊恐万分，都认为机车是要爆炸了。但是等了一段时间，什么都没有发生，大家这才又走近观看。紧跟在这辆火车之后的是4节由马匹牵引的坐满了工人的车厢，斯蒂芬逊这样做是使大家能清楚地看到两者力量的优劣。

这就是世界上第一条公用铁路，而奔驰在它上面的火车，也就是当时轰动了欧美的“怪兽”。这次试车的成功，使铁路运输登上了历史舞台。

当然，并不是所有人都赞成火车的使用，虽然还有一些报纸发表文章反对火车的使用，但依然无法阻止火车的飞速发展和人类文明的车轮飞速前进。

男孩要懂的道理

“有信心的人，可以化渺小为伟大，化平庸为神奇。”这是爱尔兰剧作家萧伯纳说过的话。自信的确具有这种神奇的力量，无论你的外貌、身份、财富、能力如何，有了自信，你在别人面前就会显得魅力非凡。

快乐成长金钥匙

怎样拥有自信

自信有时是沮丧男孩口中的欢快乐曲，让他有了重新绽放微笑的魔力；自信有时是胆小男孩手中的灯光，让他有了在黑暗中行进的勇气。自信是成功的助手、失败的朋友，有了它，成功者会更上一层楼，失败者会毫不气馁，再次努力奋斗。

自信不是天生就有的，它需要后天的训练和培养。那么如何让自己成为一个自信的男孩呢？

首先，练习正视别人的眼神。一个不敢正视别人的男孩，往往意味着你很自卑或者你怕对方。不要躲避别人的眼神，要坦然地注视对方，那样的眼神会让你显得更加自信。

其次，你要有“永远坐在第一排”的意识。不要总是低调地想要隐藏自己，很多时候自信就是来源于你的“显然”，坐在前排更能帮你建立自信。

最后，把你走路的速度加快四分之一，同时锻炼自己当众发言的能力。还要学会开怀大笑；怯场时，不妨道出真情，即能平静下来；用肯定的语气帮助自己消除自卑感；做自己能做的事情，等等。

挫折与磨难是最好的礼物

林恩是伦敦一家老报人协会的副主席。每个月末，老报人协会的会员们都会在一起聚餐，席间大家时常讲些往事助兴。这天，林恩讲起了自己少年时代的一段经历。

林恩8岁那年，父母因为一场车祸而同时去世，留下了3个孩子相依为命。一个穷亲戚收留了林恩，林恩的哥哥和妹妹则分别被别人领养。

林恩靠卖报养活自己。在他童年的那个时代里，报童就像菜园里的蚂蚁一样数不胜数，瘦小的林恩不容易争到地盘。因此，他常常挨揍，吃尽了苦头。无论是炎炎夏日还是数九寒冬，林恩都要穿着单薄的衣衫在人行道上叫卖，所以小小的他已经学会了愤世嫉俗。

一天下午，一辆电车拐过街角停下。林恩迎上去，准备通过车窗卖几份报。车子正要重新开动的时候，一个穿着时尚、满脸肥肉的中年男人站在车尾踏板上说："卖报的，来两份！"

林恩快速地迎上前去送上两份报。突然车子开动了，那个中年男人举起一枚硬币只管哄笑。林恩追着说："先生，给钱。"

没想到，那个男人竟然一边把那枚硬币在两个掌心里搓着，一边嬉笑着说："嘿，小子，你跳上踏板我就给你。"

此时，电车越开越快。林恩把一袋报纸从腋下转到肩上，想要纵身一跃跨上踏板，没想到脚底一滑，他摔了个仰面朝天。正当林恩准备爬起来时，一辆从后边行进而来的马车停在了他身旁。

一位拿着一束百合花的贵妇人从马车上走下来，她双眼噙着泪花，竟然冲着电车骂粗话："这该死的灭绝人性的东西，可恶！"然后又俯身对林恩说："可怜的孩子，我都看见了，你在这儿等着，我马上就回来。"随即对马车夫说："杰克，追上去，教训教训他！"林恩爬起来，擦干眼泪，认出拿百合花的妇人就是电影海报上的当红女明星。

几分钟后，马车转回来了，女明星招呼林恩上了车，然后对马车夫说："杰克，给他讲讲你都干了些什么。"

"我一把揪住那家伙，"杰克咬牙切齿地说，"揍了他一顿，报钱也追回来了。"说着，他把一枚硬币放在林恩的手中。

“孩子，你听我说，”女明星对林恩说，“你不要因为碰到这种坏蛋就把人看坏了。世上坏蛋是不少，但大多数都是好人，就像你和我一样。”

许多年后，当林恩又一次品味杰克痛快的描述时，猛然反应过来：只那么一会儿，能来得及追上那家伙，还痛痛快快地揍他一顿吗？

不错，马车甚至连电车的影子也没追着，它在前面街角拐了个弯，调过头，便又径直向林恩赶来，向一颗受了伤、充满怨恨的心赶来。而杰克想象力丰富的描述，倒也真不失为一剂安慰幼小心灵的良药，让小林恩觉得人间还有正义，还有爱。林恩后来还经历过千辛万苦。他自学当上了记者，还成了报社编辑，在新闻界为自己争得了一席之地。他的哥哥和妹妹后来也团聚了。

林恩向他的报界同人说：“感谢上帝，挫折与磨难是最好的礼物，我感激它。不过，我更要感谢那位女明星，感激她那天的火气、她眼里的泪花和她手中的百合花，依靠这些我才没有沉沦，没有活在仇恨与抱怨之中。”

男孩要懂的道理

或许幸运女神此时没有眷顾你，或许你正在遭受苦难的洗礼，但不要沮丧、绝望、痛苦，因为只要你有一颗坚强的心，那么就能在众多的挫折与坎坷中淡然行走。一颗坚强的心，不但是男孩勇气的体现，更是其品质的体现。

快乐成长金钥匙

把苦难当成礼物

“苦难是人生的老师。拒不接受苦难不是力量的表现，而是懦弱的表现。”这是著名作家巴尔扎克说过的一句话。苦难的确是上天送给男孩最好的礼物，因为苦难会磨炼一个人的意志，会让骄傲肤浅的人看到自己的不足，苦难还教会男孩要勇敢、坚强。

人的一生不可能总是一帆风顺，既然每个人都要经历苦难，那么何不把苦难当成一份礼物，感谢苦难赐予你的一切呢？

或许很多男孩会说："每个人都在祈求生活顺遂，为什么我要感谢苦难呢？"生活顺遂固然好，但是太过顺利安逸的生活往往会消磨一个人的斗志，久而久之，你的心会变得柔弱，进而失去抵抗挫折的力量；而苦难最初可能会让你觉得痛苦、沮丧和备受打击，但是只要你运用无比的自信与勇气，坚强、乐观地迎接苦难，那么经历了折磨之后，你会变得更加自信和成功。

所以，教会我们成长与智慧的，不是顺利美好的幸福生活，而是那些打击我们的苦难。苦难看起来像一首悲歌，吟唱起来总有一丝苦涩，但是如果你能用积极的心态去面对，用勇气和坚强去迎接，那么你也会从苦难这首悲歌中听到幸福的声音。

要满怀热忱去迎接挑战

弗兰克·帕克是美国著名的人寿保险推销员，他凭借着对工作的热忱创造了众多奇迹。1907年的时候，弗兰克受到了一次无法承受的沉重打击，那时他刚刚走上职业棒球道路，在宾州的约翰斯顿参加三洲联赛。当时，年少轻狂的弗兰克迫切想在赛场上有精彩表现，但是他竟然被出乎意料地解雇了，而且没有任何理由。

弗兰克不明白哪里出了问题，他怒气冲冲地去找球队老板，质问他为什么要这样做。当时面无表情的老板说他没有拼搏精神，做事态度消极。弗兰克不想失去争辩的机会，所以他急切地告诉老板自己打球时如何紧张，并且保证自己会努力消除不良状态。但是老板毫不留情地说："没用的，你不适合打球。"

“弗兰克，离开这里后，无论你从事什么工作，都要充满活力和激情。”老板最后这样告诫他。

后来，弗兰克去了宾夕法尼亚一个叫切斯特的球队，从此他参加的都是级别很低的大西洋联赛。和当初在约翰斯顿队每月175美元的薪水相比，每个月只有25美元的薪水更让弗兰克无法找到激情。但他想要活命，唯一的出路就是必须让自己激情四射。

在弗兰克来到切斯特球队的第三天，他认识了一个叫丹尼的老球员，他劝弗兰克不要参加这么低级别的联赛。沮丧的弗兰克说，在自己没有找到更好的工作之前，他什么都愿意做。

几天后，丹尼把弗兰克引荐到康涅狄格州的纽黑文球队。这个球队没有人认识弗兰克，更没有人责备他。在那一刻，弗兰克在心里暗暗发誓，他要成为整个球队最具活力、最有激情的球员。

从此之后，弗兰克就像一个不知疲倦的铁人奔跑在球场上，他的球技、速度、力量等都得到快速提高，有时甚至会震落接球队友的护手套。

在一次联赛中，弗兰克所在的球队遭遇实力强劲的对手。那一天气温很高，这样的情况极易使人中暑晕倒，但弗兰克并没有因此退却。在快要结束比赛的最后几分钟里，由于对手接球失误，弗兰克抓住这个千载难逢的机会迅速攻向对方主垒，从而赢得了决定球队胜负的至关重要的一分。

发疯似的激情让弗兰克犹如神助，它让弗兰克忘记了恐惧和紧张，掷球速度比赛前预计的还要出色；而他疯狂般的奔跑感染了其他队友，他们也变得活力四射，首先在气势上压制了对手；在闷热的天气里打比赛，弗兰克的感觉出奇的好，这在以前是从来没有过的。

这次赛事吸引了当地一些体育媒体的极大关注，其中一家报纸的头版头条赫然登着弗兰克的照片和有关弗兰克的消息，“这个球员是个新手，他浑身上下充满活力和激情，并因此感染了其他队员，从而赢得了此次实力悬殊的比赛，他们的精神状态似乎比以前任何时候都要好”。更让弗兰克感到震惊的是，这家报纸居然称他是整个球队的灵魂人物，并为他起了一个绰号——“勇猛”。

弗兰克突然想到了自己在约翰斯顿队所受到的待遇，于是他寄了一份报纸给当初开除他的约翰斯顿队的老板。可以想见，那位老板看见报纸时的表情。3个星期以前，他赶走了一个自认为毫无活力的球员，而现在那个球员的绰号居然叫“勇猛”。

从此，弗兰克每月的薪水涨到了185美元，和在切斯特球队每月25美元相比，弗兰克的薪水在10天的时间里猛增了近7倍，这让他一度产生不真实的感觉，而这一切都是因为他的“激情”。

两年后，弗兰克因为一次打球事故，身体出现问题。他不得不终止自己的棒球生涯，选择其他的事业。

离开棒球队后，弗兰克回到老家费城找了一份工作，是为一个卖家具的商店收款，老板给他的报酬是每天1美元。后来，他又成了一家人寿保险公司的推销员。在最初做寿险推销的一年里，是弗兰克生命中最灰暗、最漫长的时光，每次外出推销都无一例外地空手而返。渐渐地，弗兰克失去了所有的自信，他觉得自己根本不适合做推销员。

但是后来有一天，他参加了一次演讲，并且有人告诉了他这样一句话：“弗兰克，你为什么不像当初打球那样充满热情地去工作呢？”这句话就像黑夜里的烛火，点亮了弗兰克灰暗的心，他又重新鼓起勇气与自信，用满腔的热情去对待销售这个工作。奇迹就这样发生了，没过多久，弗兰克就成了这家公司最出色的推销员。

男孩要懂的道理

生活有时就像一场棒球赛，唯一不同的是，在生活的赛场上，不管你是否愿意，都必须上场去承担输赢。既然无法逃避，我们就要满怀热情地去迎接挑战，因为对生活的热忱就是对生命的热忱，如果再加上你的勤奋努力，那么幸运之神就会来到你身边。

快乐成长金钥匙

怎样让内心充满热忱

美国著名的人际关系学大师卡耐基认为，一个人成功的最主要因素是热忱。一个人的热忱力量是可以改变命运的。对此，他还引用了纽约中央铁路公司前总经理佛瑞德瑞克·魏廉生说过的话来证明自己的观点，这段话是这样的：“我越老越相信热忱是成功的秘诀。成功的人和失败的人在技术、能力和智慧上的差别通常并不是很大，但是如果两个方面都差不多，具有热忱的人将更能得偿所愿。一个人能力不足，但是具有热忱，通常必会胜过能力很强，但是欠缺热忱的人。”看完这段话，你是不是有了自己的想法呢?

如果一个男孩对待生活、学习以及工作具有无比的热忱，那么他一定会生活得更精彩、学习得更出色、工作得更成功。那么，怎样让自己具有热忱的态度呢？著名的成功学大师拿破仑·希尔给出了培养热忱的几个步骤：

首先，你要深入了解每个问题。只有对一件事物了解得越深、越全面，才会更容易挖掘出你对该事物的兴趣。

其次，做事时你要充满热忱，也就是必须积极地行动。

再次，你要学会传播好消息，因为听到好消息会让人感到愉快，这有利于培养热忱的个性品质。

最后，培养“你很重要”的态度。意思是说你要使别人认识到“你很重要”，这样你很快就会获得成功。

永不放弃你的希望

埃利斯·塔克是一位身强体壮的17岁小伙子，他像不知疲倦的牦牛一样，浑身都充满了力量。塔克的父亲是名矿工，不过在他很小的时候就去世了，与他相依为命的母亲每天只能依靠卖饭来养活自己和儿子塔克。

高中毕业之后，塔克瞒着母亲独自去了矿山，他必须有一份工作来帮助母亲减轻家庭的负担。健壮的塔克很快被矿主看中，询问了一些信息之后，他们愉快地签订了合约。

回家的路上，塔克非常兴奋，想到以后母亲再也不用如此辛苦了，他将会像父亲那样成为这个家里的顶梁柱，所以一路高高兴兴地哼着小曲，但他却忽视了矿山上那接得乱七八糟的高压电线。突然，一道耀眼的电弧，给了塔克致命一击。幸运的是，塔克被高压电线弹开，而不是被吸在上面，否则他当场就没命了。直到夜幕降临，矿工们才发现这个可怜的少年，此时他的双腿被高温烧得像焦炭一样。众人急匆匆地把塔克送到了医院。经过医生的全力抢救，塔克虽然保住了性命，但是他却失去了双腿，一辈子都只能坐在轮椅上生活了。

从医院出来之后，塔克多次企图自杀。这让他的母亲无法继续出去卖饭来维持生计，从而让这个贫寒的家更加凄惨。但是，在这种情况下，塔克的母亲仍旧坚持每天在花瓶里换上一束野花，想以此来打动儿子，让他坚强地活下去。

一个风雨交加的夜晚，飓风不断肆虐着小镇，很多电缆被风吹断了，整个小镇都陷入了黑暗之中。塔克的母亲一边喊着塔克的名字，一边寻找着火柴和蜡烛。

找遍了整个家里，塔克的母亲只找到了一个约有一厘米长的蜡头，她把蜡头放在桌子上，然后划亮了火柴。塔克忽然阴阳怪气地对母亲说：

“哼，真是可怜，我们只剩下这个了，继续活下去还有什么意思！”儿子的这句话就像利刃一样划开了母亲的伤口，只见母亲颤抖着，把那根蜡烛点亮，然后大步朝塔克走过去，狠狠地给了他一记耳光。

小小的烛火在原本黑暗的房间里闪烁着，外边狂风还在呼啸。母亲严厉地对儿子说：“塔克，你这个不争气的家伙，你给我好好看看！就算是世上最短的蜡烛，也比你有用，它一样可以发出不逊色于整根蜡烛的光亮。”塔克捂着火辣辣的脸，安静得像一尊雕像。

之后，塔克向母亲提出了一个惊人的要求，他请求母亲给他做了两个棉垫，绑在了残缺的大腿下面。然后，他挣扎着从轮椅上下来，用手撑着地慢慢地向前挪动着。他眼中坚定的方向是矿山，他要重新走过那满是坎坷与石头的道路。

塔克的母亲跟在他的后面，看他努力地挪动着，塔克的双手被碎石磨烂，鲜血直流。知道这件事情的人都大喊着塔克的母亲，问她是不是疯了，怎么可以这样对待自己残疾的儿子。塔克的母亲却微笑着默不作声，眼里噙满泪水。

塔克从家挪动到矿山上，整整用了8小时。在塔克的万分恳求下，矿主终于答应给他一份检查旧矿洞和新打的矿洞的工作。这份工作需要人具备灵敏的鼻子和经验。

镇上的人都不相信塔克会干好这份工作，可塔克却坚持了下来。23年过去了，塔克依然坚持着自己的工作，并且准备继续做下去。他不但用自己的努力养活了母亲，还赢得了众人的尊重。

后来，塔克的母亲已经去世，将要退休的矿主也打算给塔克安排一份安稳且没有危险的工作，但被塔克谢绝了。塔克说，他永远记得那个停电的夜晚，母亲的一记耳光和那句话——就算是世上最短的蜡烛，它一样可以发出不逊色于整根蜡烛的光亮！

《洛杉矶时报》大篇幅地报道了塔克的感人故事。大家都亲切地称赞这个曾经有1.92米身高的中年男人是“照亮美国的蜡烛”！

男孩要懂的道理

英国著名剧作家莎士比亚说过："不要只因一次失败，就放弃你原来决心想达到的目的。"人一旦学会放弃，那么失去的永远比你得到的要多，尤其是在面对苦难的时候。放弃会让你懈怠、绝望、沮丧，没有希望的人生是灰暗的，无论何时何地，你都不应该放弃希望，只有这样你才有机会成功。

快乐成长金钥匙

永不放弃，成功就在眼前

在任何时候、任何情况下，男孩都应该精神振奋、斗志昂扬，不应有颓废之情。你应该经常对自己说这样的话："我一定能做到！""我能行！"即使你做事失败了，也要想办法从失败中吸取教训，最终以百折不挠的精神获得胜利。

如果经历了几次失败，你就决定从此放弃自己的理想，不再前进，那么等待你的只能是再一次的失败。相反，如果你永不放弃，继续努力坚持，不断总结失败的经验教训继续前进，那么最后你一定会成功。

永不言败，应该成为你人生的信条，只有这样你才能脱颖而出。本杰明·富兰克林就是一个不达目的誓不罢休的人。据说，在他的创业阶段，曾指着一小片自己晚饭吃剩下的黑面包对他的竞争对手说："除非你能生活得比我还简朴，否则你就不可能把我挤出去。"这样一个坚持、努力的人自然会取得成功。

所以，在看似绝望的时候你依然要学会不退缩、不放弃，然后鼓足勇气、坚定地朝着既定的目标前进，那么克服了重重困难的你不但征服了命运，更收获了成功。

要对自己充满信心

李斯特是一个音乐系的学生，一天他走进练习室，发现钢琴上摆着一份全新的乐谱。

李斯特一边翻看着乐谱，一边喃喃自语道："这份乐谱还真是超高难度！"他感觉自己对弹奏钢琴的信心已经彻底消失了。

已经3个月了！自从跟了这位新的指导教授泰德之后，李斯特不知道为什么泰德教授要以这种方式整人。但是他不得不勉强打起精神，开始用10根手指头继续奋战。他弹奏的音乐并不顺畅，但也掩盖了练习室外泰德教授的脚步声。

泰德教授是个极有名的钢琴大师。授课第一天，他给自己的新学生李斯特一份乐谱。"试试看吧！"他说。乐谱难度颇高，李斯特弹得很生涩，错误百出。"还不熟，回去好好练习！"泰德教授在下课时，如此叮嘱李斯特。

李斯特练了一个星期，第二周上课时正准备让泰德教授验收，没想到泰德教授又给了他一份难度更高的乐谱，说："试试看吧！"上星期的课，泰德教授提也没提。李斯特再次挣扎于更高难度的技巧挑战。第三周，更难的乐谱又出现了。同样的情形持续着，李斯特每次在课堂上都被一份新的乐谱所困扰，然后把它带回去练习，接着再回到课堂上，重新面临两倍难度的乐谱，却怎么都追不上进度，一点儿也没有因为上周的练习而有驾轻就熟的感觉。李斯特感到越来越不安，变得沮丧和气馁。

泰德教授走进练习室。李斯特再也忍不住了，他必须向泰德教授提出这3个月来为何不断折磨自己的质疑。

泰德教授没开口，他抽出了最早的第一份乐谱，交给李斯特。"弹奏吧！"他以坚定的眼神望着李斯特。

不可思议的结果发生了，连李斯特自己都惊讶万分，他居然可以将这首曲子弹奏得如此美妙、如此精湛！泰德教授又让李斯特试了第二堂课的乐谱，李斯特依然发挥出了超高水准……演奏结束，李斯特怔怔地看着泰德教授，说不出话来。

“假如我任由你表现最擅长的部分，可能你现在还在练习最早的那份乐谱，就不会有现在这样的程度……”泰德教授缓缓地说。

男孩要懂的道理

俄国小说家契诃夫说过：“对自己不满足，是任何真正有天才的人的根本特征。”没错，一个人只有不断对自己提出高要求，勇于挑战高难度，才能迎来更广阔的世界。

快乐成长金钥匙

挑战自我，超越自我

有人说，在这个世界上能打败你的只有你自己。没错，无论是面对艰难险阻还是磨难挫折，只要你永不放弃，不断地挑战自我，超越自我，那么很快就能从逆境中走出来，抵达成功的彼岸。

不过，现实中，有的男孩觉得自己没有天赋，无论怎样努力也比不上别的同学；有的男孩觉得自己的遭遇太悲惨，凭借自己微小的力量根本不能和强大的苦难对抗；也有的男孩认为失败是常有的事，自己永远不会成功。事实果真如此吗？当然不，一个人的天分、家庭环境、遭遇、学习能力等也许和别人存在差别，但只要你学会凡事和自己比，每次都进步一点点，那么经过一段时间的努力，你会发现，自己的收获远远超出了自己的预期。

例如，你一次数学考试只考了60分，而你的同学有考80分的，也有考100分的，如果你只想和他们比，那么你会感到有很大的压力，自信心也会受到打击；但如果你只跟自己比，给自己设定下次数学考试考60分以上，那么通过努力，你一定能取得进步。

所以，不断挑战自我，超越自我，让自己每次都有所进步，对自己来说就是成功。

没有人会死在这里

莱特是一名非常普通的邮差，但他始终坚信自己的使命并不只是传递信件，他还要向人们传递快乐。因此，聪明的莱特口袋里总是装着许多小纸条，上面写着一些话，诸如“享受每一天”“有你，别人是幸福的”“幸运总是从微笑开始”……他将信件和电报送到人们手中的同时，也把这些充满善意、鼓励、祝福的小纸条留给他们。因此，只要莱特到过的地方，总会留下那些快乐的种子，也因为这样，人们都很喜欢莱特的造访。

“二战”爆发的时候，热血的莱特一心想要报效祖国，但是因为他年龄小而无法如愿，于是他自告奋勇地到了野战医院，做了一名志愿者，协助医生和护士救死扶伤。

硝烟弥漫的战场残酷地夺去了太多人的生命，莱特眼看着越来越多的战友从自己身边离开，而自己却无能为力，他的心中总是充满无限酸楚。在一个偶然的时刻，感慨万千的莱特在医院的墙上写下了这样一句话——“没有人会死在这里！”莱特的行为引起了周围一些人的不满，因为战争会让越来越多的人死在医院里，但同时也有很多人为这句话感到辛酸，毕竟没有人愿意看到死亡。还有一些人认为，这句话并不能代表什么，不必擦掉。所以，这句话就一直没有人去擦，留在了那面墙上。

时间一天一天地过去，战争依然没有停止，渐渐地，医院的伤员、医生、护士开始记起莱特写在墙上的那句话。说来也奇怪，接下来的日子里，这家医院里死去的伤员越来越少，甚至到后来几乎没人死亡。对此，很多人都感到不可思议。

最终，医院院长为众人揭开了其中的奥秘，奥秘就是莱特写在墙上的那句话——“没有人会死在这里！”正是这句话，鼓舞了所有的人，让伤员充满信心地坚强活下去，让医生和护士尽力地给予病人最精心的医治和护理。

每一个走进这家医院看到那句话的人，他们的脸上都会洋溢着坚毅和刚强的表情。

男孩要懂的道理

看似简单的一句话，却可以唤起生命的热情，这就是信念的力量。坚定的信念就像一粒不起眼的种子，播种之后就能成长为参天大树，并且能够迎击风雨。所以，你要想变得勇往直前、无惧艰险，要想在社会中更好地立足，那么不仅要具备良好的心理素质和精神状态，而且要有坚定的信念和耐挫力。

快乐成长金钥匙

坚定的信念是战胜困难的前提

现实中，有些人可能会因为失败的打击而一蹶不振；还有些人在失败后审时度势，调整身心，然后不断积累自己的才能与实力，等待机会“东山再起”，你要做的就是第二种人。

要做一个智勇双全、适应社会的人，坚定的信念是必不可少的。一位奥运冠军说过：“与自己较量是人生最大的挑战。”所以当你在生活中或者学习上遭遇困难和挫折时，要相信自己的力量，要有坚定的信念，你会发现胜利就在眼前。

雨后天晴，只要你相信黑夜之后必将迎来黎明，险滩过后就会有平坦大道，坚定勇敢地跨出每一步，那么前方等待你的就是美好的未来。因此，我们要学会用坚定的信念来抗击困境，让自己通过不懈的努力取得成功。

永远不要放弃希望

美国洛杉矶曾在1989年发生过一次大地震，在不到4分钟的时间里，几十万人受到严重伤害。有些人幸运地躲过了地震，而有些人则在地震中丧命，更有些人因为地震而失去了最宝贵的东西。

地震过后，留给人们的是混乱、哀伤和成片成片的废墟。一位年轻的父亲有些慌忙地安顿好自己的妻子，然后便冲向他7岁的儿子上学的学校。等他赶到学校的时候，原来的三层教学楼早已变成了一片废墟。

这样惨烈的坍塌让他眼前顿时一片漆黑，他大声喊着："杰克，我的儿子！"然后跪在地上痛哭起来，他猛地想起自己常对儿子说的一句话："不论发生什么，我总会和你在一起！"这句话就像一股神奇的力量，坚定了这位父亲的信念，于是他毅然地朝着那片废墟走去。

他脑海中不断回忆早上送儿子上学的情景，知道儿子的教室在楼的一层左后角处。他疾步走到那里，开始动手刨起来。

很快，越来越多孩子的父母焦急地赶来了，看到这片废墟后，他们痛哭并大喊："我的儿子！""我的女儿！"但是哭喊之后，更多的人带着绝望离开了，只有刚才的那位父亲坚持清理挖掘。很多人都劝阻他说："太晚了！太晚了！""这样做无济于事，回家去吧！""冷静些，你要面对现实。"

但是这位父亲却像着了魔一样直直看着那些劝阻他的人，然后问道："你是不是来帮助我的？"没人给他肯定的回答，他便埋头更加起劲地接着挖。

消防队长挡住他说："先生，这里太危险了，随时可能发生起火爆炸。请你马上离开。"面对消防队长，这位父亲同样问道："你是不是来帮助我的？"

警察也赶来劝他："先生，我们知道你很难过，难以控制自己，但这样不但不利于你自己，对他人也有危险，请你马上回家，好吗？""你是不是来帮助我的？"这位父亲仍然问了同样的话。

人们都认为这位父亲因失去孩子而精神失常了，一个个都摇头叹气地走开了。

而这位父亲心中只有一个念头："儿子在等着我。"

他挖了6小时、12小时、18小时，24小时……没有人再来阻挡他。他双手都是血疱，满脸尘土，双眼充血，浑身上下破烂不堪，到处是血迹。到第38小时的时候，他突然听见底下传出儿子的声音："爸爸，是你吗？"

上帝！这是儿子的声音！这位父亲激动地大喊道："杰克！我的儿子！"

"爸爸，真的是你吗？"

"是我，儿子，我是爸爸！"

"我告诉同学们不要怕，说只要我爸爸活着就一定会来救我，一定能救出大家。因为你说过'不论发生什么，你总会和我在一起！'"

"杰克，你现在怎么样？你们有几个人活着？"

"爸爸，我们这里有14个同学，大家都活着，地震来的时候，我们躲在教室的墙角。房顶塌下来架了个大三角形，我们没被砸着。我们刚开始好饿好怕，不过，现在好了。"

这时，父亲连忙大声向四周呼喊："这里有14个孩子，都活着！快来人！"

听到喊声的人们从四面八方赶过来帮忙。

大约一小时后，一个安全的小出口被开辟出来了。

父亲声音颤抖地说："出来吧！杰克。"

"不！爸爸，先让其他同学出去吧！我知道你会和我在一起，我一点儿都不害怕。不论发生了什么，我知道你总会和我在一起。"

这对了不起的父子在经过巨大地震的灾难后，终于幸福地紧紧拥抱在一起。

男孩要懂的道理

作为一个顶天立地的男子汉，你应该不断给自己灌输这样的思想：我不能满足于现状，我应该朝着更高远的目标前进，我一定可以做得更好。因为一旦你满足于自己目前获得的成就，那么就容易失去继续奋斗的动力和热情，就会停下追寻更高目标与理想的脚步。而在这个竞争日益激烈的社会，你不前进便可能会后退，不努力便可能会被淘汰，不上进便可能无法立足。

快乐成长金钥匙

志向决定发展格局

“志向决定发展格局，没有最好，只有更好。”它旨在激励每一个男孩：永远不要放弃希望，努力做到更好。这就像上述故事中的父亲，他坚信儿子还活着，于是，这个目标激励着他不放弃希望，继续寻找儿子的下落，结果他的目标真的实现了。但如果一开始他和其他人一样放弃了寻找儿子，认为儿子已经死了，那么最后的结果可能就是儿子真的死了。

俗话说：“站得高，看得远。”你只有拥有高起点才能拥有更高的人生志向，进而通过不断的努力与奋斗去创造属于自己的美好未来。很多时候，起点高的志向就如同照亮男孩成功之路的一盏明灯，让你看清前行的正确方向。参加过1300多场比赛，踢进过1200多个球，并创造了单场踢入8个球纪录的世界球王贝利，在别人问他哪个球是他踢得最好的一个时，他是这样回答的：“我认为是下一个。”

所以，你应该多向球王贝利学习，永远用高标准要求自己，凡事不要听天由命，更不要消极散漫。相信当你具有追求卓越的高志向，并且不断为之努力的时候，你的发展格局就会不断向上提升，进而取得更多的成就。

坚定自己的信念

查理斯是英国著名的作家，他出身贫寒，自幼酷爱读书，也写了不少文章，可惜一直都没能发表。有一天，查理斯出去散步，他平时有个习惯，就是把自己的心情随时记录在本子上，但是这天他想从包里拿出本子时，却发现本子不见了。焦急的查理斯顺着原路往回找，看到一位老太太手里正拿着他的本子，于是，马上走向前去说："老奶奶，这本子是我掉的，您能还给我吗？"

老奶奶看着查理斯笑着说："哦，是吗？里面都是些什么呀？"查理斯不好意思地说："里面只是一些我写的文章。"

老太太把本子递给他，然后又微笑着说："我刚才捡起它的时候，看了一下，里面的文章写得真不错。小伙子，知道吗，我有预知未来的能力，你今后一定会是个作家。"

老太太的话并没有让查理斯放在心上。他深知，自己对于文学写作没有什么天赋，他也知道，对于家境贫寒的他来说，早日工作挣钱才是最重要的。

所以，中学一毕业，查理斯就四处寻找工作，他当过酒店招待，做过推销员，干过修理工。但生活总是和他作对，他觉得自己没有一点儿运气，每次都会因为一点儿小事被辞退。后来，在亲戚的帮助下，他成了一家公司的文员，虽然每个月的工资不高，但还算是一份体面的工作。可惜这份工作也没干多长时间，因为没过多久这家公司就破产了。就在查理斯以为自己被命运抛弃的时候，他忽然记起了老太太那句神秘的话，不禁想到："难道我真的适合当一个作家？"最后，查理斯下定决心开始构思小说。

但创作的过程并不十分顺畅，甚至可以说困难重重，但只要一想起老太太的话，查理斯就会增添无穷的动力，更加坚定自己当作家的信念。终于，他以自己为原型，把这些年遇到的酸甜苦辣，以及穷人的无奈和富人的空虚用一个个故事精彩地表现了出来。小说一发表，立刻为他聚拢了很多的人气。成名后的查理斯明察暗访，终于找到了老太太的后人，并向他们表达了自己对老太太当年指点迷津的感激之情。但是老太太的女儿却瞪大了眼睛对查理斯说："我的母亲根本不识字！"

男孩要懂的道理

有人说："最可怕的敌人，就是没有坚定的信念。"信念可以给弱者以勇气，给绝望的人以希望，给怀疑自己能力的人以信心，信念就是这样一种神奇的力量。一个没有信念支撑的男孩，很难拥有坚韧的品格，甚至一遇到困难就会轻言放弃。所以，无论何时，你都不能丢弃信念。

快乐成长金钥匙

信念是打开成功之门的钥匙

"一个有坚定信念的人，胜过一百个只有兴趣的人"，人不能没有信念，因为信念是一股神奇的力量，它可以激发你的潜力，增强你的自信，不断给你增添继续努力的动力。哪怕别人已经放弃，你也要坚持；哪怕前路坎坷，你也要与信念相随；哪怕失败就在眼前，你也不能放弃信念。只有坚定的信念，才能帮助你取得成功。

其实，通往成功的路就像一场谁都能参加的长跑比赛，最初有很多人参加，但是因为路途太远，路上要克服的困难太多，所以半路上有很多人都放弃了，最终到达胜利终点的只有屈指可数的几个人。而这些坚持下来的人，往往就是因为心中有信念。要知道，在遭受挫折的时候，如果你被困难吓倒而放弃，那么你就永远也无法取得成功。

当然，人都会有惰性，会灰心丧气，会退让逃避，但只要你心中有信念，就会防止自己产生这种惰性。所以，为了信念全力以赴，不要给自已留退路，坚持努力下去吧！

要相信，水塘就在前方

飞往非洲的一架客机在沙漠里坠落失事，仅有13人幸存。

沙漠里白天的气温高达五六十摄氏度，如果不能及时找到绿洲水源，那么这些幸存的人也很快就会被渴死。

这13个人中，有家庭主妇、大学生、大学教授、部门经理、政府官员、军官……此外，还有一个叫文森的智障人士。

为了生存，他们不得不一起出发去寻找大漠中的水源。

沙漠是人们最猜不透的“魔鬼”，而且它总是同这些可怜人玩恶作剧，时不时地吓吓他们，例如这些人已经先后3次欢呼狂叫着冲向水草丰茂的绿洲，但那绿洲却无情地向后退却着，直至消失。原来是海市蜃楼！

第二天午后，当这些人又一次被海市蜃楼愚弄后，全都气恼地躺倒了，除了文森。他不解地问别人：“那个绿色的水塘不就在这里吗？为什么不见了？”

善良的家庭主妇告诉他：“文森，认命吧，那不是什么水塘，只是欺骗你眼睛的海市蜃楼。”

文森才不知道什么海市蜃楼，他只知道自己现在口渴得厉害，他只想要喝水。于是，他用尽最后的力气吃力地朝前爬去，不管其他人的冷嘲热讽。终于，他攀上一座几十米高的沙丘，忽然高兴得手舞足蹈，激动地大喊：“水塘，前面有一个水塘！”

但是累瘫的众人根本不管他的喊声。

文森什么也顾不上了，他越过这座沙丘，欢呼着消失在沙丘的另一边。

“可怜的文森，他疯了……”大学教授嘟哝了一句。

可是，文森听不见他们的议论，此刻他的心中只有那个水塘。他接连翻过了两座沙丘，过了半小时左右，文森爬到了绿洲边。

这一次，不是海市蜃楼。

3天后，当救援人员找到他们时，那12个人已经死了，有的尸体已经被沙土掩埋了，只有绿洲边的文森安然无恙。

救援人员把文森带到遇难者的旁边，问他："这些人怎么会死在距离水塘不到1公里的地方？"

文森哭了，他说："我已经告诉他们那边有个水塘，但是没人相信我的话，还说那是海市蜃楼。我不相信那是海市蜃楼，就拼命跑过去……"

男孩要懂的道理

人们常说："坚韧是意志的最好助手。"没错，意志是一个人成功的关键。具有坚强意志的人在遇到困难时，能够不畏艰险、勇往直前，并最终取得成功；而那些意志薄弱的人一遇到挫折不是畏缩不前，就是找借口放弃，最后只能与失败做伴。

快乐成长金钥匙

如何做到坚韧不拔

有位名人说过："伟大的事业根源于坚韧不断地工作，以全副精神去从事，不避艰苦。"是的，当你用坚韧、勤奋以及无所畏惧的勇气去做某件事情或者某项工作时，你一定会更快地取得成功。

其实，很多时候挫折来得让我们措手不及，而唯一能应对这种状况的就是我们坚韧的意志。就像一位登山运动员在不断攀登险峰的过程中，可能会遇到恶劣的天气，也可能会遇到危险的动物，甚至会因为体力消耗过多而没有力气继续前进，这时只有依靠坚韧的意志和永不放弃的精神，才能到达顶点。那么，面对挫折和困境，应如何做到坚韧不拔呢？

首先，你应该放松心情，稳定自己的情绪。因为一个良好的心态是解决一切问题的关键，只有冷静下来思考对策，你才知道下一步应该怎么进行。

其次，你要及时总结失败的教训，要“吃一堑，长一智”，不要在同一个地方跌倒两次，这样你才会有所进步。

再次，你要学会承担责任，要多给自己一次机会。一个坚韧的男孩一定要有责任感，就算因为压力大而失败，也要给自己重来一次的机会。

最后，你还要具有勤奋和吃苦耐劳的精神，不怕困难，全力以赴地去做每一件事情。

让梦想为坚定的信念护航

曼罗迪诺在没有见到费曼之前，总觉得自己的生活犹如陷入了泥沼一般。

这件事情要从1981年说起，当时刚博士毕业没多久的曼罗迪诺因为一篇探讨“无限维的量子理论”的物理学论文，被加州理工学院聘为教员。

曼罗迪诺在进入加州理工学院的两个月里，时常盯着期刊看上半天，但灵感女神却总是不光顾他，偶尔去参加研讨会，也总是打瞌睡。那时的曼罗迪诺是看不到自己的未来的。

其实，曼罗迪诺并不是一个甘于平庸的人，他也希望努力地把自己“从泥沼里拔出来”。但是面对毫无兴趣的学术研究，他真的没有一点儿进取心。不过，他对写作却充满了热情，但是背负着天才物理学家的光环和周围人的期望，他不敢轻易地踏上写作这条道路。令他感到幸运的是，他的办公室和物理学家费曼在同一条走廊上。

以量子动力学说获得1965年诺贝尔物理学奖的费曼，同样是一位物理天才，他在1986年“挑战者”号航天飞机失事原因调查委员会上，把一个“O”形环（航天飞机推进器上使用的橡皮环）浸在冰水里，证明它变得易碎，并由此解开了失事的谜团。从此之后，他被媒体评价为“一个以常识击败电脑模型、以洞察力超越方程式的伟大天才”。

费曼无疑是科学界最为众人津津乐道的物理学家。但他的世界并不只属于科学界，在科学界外，费曼爱好玩鼓，曾经有一部由他用鼓声伴奏的芭蕾舞还获得了全美舞蹈竞赛的大奖。不但如此，因为偶然得到的一本玛雅人的手抄本，费曼用了3个月破译了其中的秘密，进而成为玛雅天文学史专家。之后，他又涉足绘画领域，甚至成功举办了个人画展，并以高价卖出了自己的作品。

但生活如此丰富多彩和充满力量的费曼却得了癌症，并且因为多次手术和化疗，那个曾经神采奕奕为了梦想而不断进步的人已经变成了一个无精打采的老头，就像一部声音变得嘶哑的老旧机器。在费曼的办公室里，曼罗迪诺和费曼开始了断断续续近一年的对话。这个充满智慧却时日不多的老者，给了这个失去方向的年轻人很多有益的建议：“什么才是值得做的？是研究某种理论，还是‘窝’在某个地方，比如加州理工学院？”

“对我来说，物理学比世界上任何东西都来得有趣。否则我不会一辈子都在研究它。”

“可我觉得写作很有趣……”

“一旦你把别人的期许所造成的负担抛开，你就可以看出自己热爱的究竟是什么……追随自己内心的声音，才能真正体会到生命的乐趣与意义。”

在长达一年的谈话中，曼罗迪诺并没有从费曼那里得到确切的答案，也没有获得明确的道路。两人不停地发问，不停地思考，他们彼此生命轨迹的交集，从对话开始，以对话结束。

1982年的一个雨后黄昏，费曼站在物理系大楼边，凝视着一道彩虹。“你知道是谁解释出彩虹的由来吗？”不知何时曼罗迪诺靠近费曼，跟他一起注视那道彩虹。

“笛卡儿。”费曼轻声回答。

过了一会儿，费曼直视着曼罗迪诺：“你觉得是彩虹的哪一个特色让笛卡儿产生作数学分析的灵感？”

“不知道。”

“我想他的灵感是来自他认为彩虹很美，”他笑了，“记住，无论你做什么，都应该是很有兴趣的。”

同年，曼罗迪诺终于下定决心离开加州理工学院，去从事他觉得真正有趣的工作——写作。此后，除了在电视上，曼罗迪诺再也没有见过费曼。如今，他已经成为好莱坞最优秀的编剧之一，他的作品《星舰迷航记》被誉为科幻电视剧中的经典。

2006年的一天，曼罗迪诺无意中在家里发现了一盘旧录音带，里面录下的正是20年前他和费曼的对话。于是，他把这段陈年往事撰稿成书，命名为《费曼的彩虹》。

曼罗迪诺是这样写这本书的后序的：“每次，当我看到人们的梦想轻易遭到摒弃时，我总是会想到费曼。这个有趣的老头至少教会了我一件事：请忠实于我们真正的梦想。”

男孩要懂的道理

曼罗迪诺经过几十年的努力终于实现了梦想，每个男孩都应该向他学习，学习他对梦想的执着，学习他从没有因为梦想的艰难而放弃。一个男孩如果没有梦想，那么在追求成功的路上，你就缺少了应有的自信、奋进、激情和不畏艰难的勇气。正是因为有了梦想，你才可以乘风破浪、冲破艰难险阻，最终到达成功的彼岸。

快乐成长金钥匙

梦想是成功的翅膀

有位名人说过这样一句话：“世界上最幸福的事情是彻彻底底地了解自己人生的追求和梦想，并依托自己天性的才华，让自己的梦想得到实现，让自己的才华得到彰显。”的确，一个人有了梦想，再加上自身的天赋和后天的努力，那么梦想一定会实现。

不过，这个世界上整天“说”梦想的男孩有很多，但真正为之努力并不断追求梦想的人却很少。梦想最需要的是行动力，这样你才能“梦想成真”。那么，应该如何正确引领你的梦想直至成功呢？

首先，你要认识自我，确定你内心深处真正想要的是什么，并根据自己的客观实际去确定目标。

其次，你要为实现梦想制订一个行之有效的计划，“你的梦想的目标越明确、细致，你实现梦想的概率就越大”，所以找到适合自己的梦想之后，就要开始计划。

再次，你要用充足的自信和不断的努力去为自己的梦想而奋斗。要知道在梦想实现的过程中会出现各种各样的困难和挫折，如果你不能坚强、勇敢地挺过去，那么可能会因为梦想的半途而废而遗憾终生。

总之，梦想就像一双成功的翅膀，只有这双翅膀展开飞翔，并与狂风暴雨对抗，才会让你在更广阔的天空展现自己，取得更大的成功。

第三章

自律是成长进步的阶梯

“如若你想征服全世界，你就得征服自己”，男孩只有学会自律，才能不断进步。因为自省会帮助你看清自己的缺点与不足，审视自己会帮助你不断认识自我，学会自制会帮助你赢得更多机会。只要你做事不存在侥幸心理，不贪婪、不冲动、不浪费、不放纵，那么你的生活会变得更顺利，亦会取得更大的成就。

3个处方

亚度尼斯是一个20多岁的小伙子，毕业之后进入一家服装公司做了一名小职员。他觉得生活无趣，而且复杂的人际关系也让他感觉十分头疼，再加上无休无止的工作压力，他觉得自己的生命之花正在渐渐枯萎，身体状况也越来越差。

一个周末的早上，亚度尼斯去看医生。医生先是听了他几小时的抱怨和委屈的诉说，接着给他做了一个全面的身体检查。诊断结果表明，亚度尼斯身体毫无问题，不过医生觉察到他内心深处有问题。

医生问亚度尼斯："年轻人，你最喜欢哪个地方？""不知道！""那你小时候最喜欢做什么事？"医生接着问。"我最喜欢海边。"亚度尼斯回答。医生于是说："我现在给你3个处方，你拿着它们到海边去，在早上8点、中午12点和下午4点分别打开这3个处方。你必须同意遵照我给你的处方，除非时间到了，否则不得打开。"

身心俱疲的亚度尼斯只好拿着处方来到了海边。

亚度尼斯抵达时刚好接近8点，独自一人，没有手机、电脑、收音机。他赶紧打开第一个处方，上面写道："专心倾听。"于是，他开始用耳朵去倾听，不一会儿，他就听到以往从未听到的声音，那些声音里有滚滚的波涛声，有各种各样的海鸟叫声，他还能听到沙蟹的爬动，甚至能听到海风的声音。此时，一个崭新的、令人迷恋的世界展现在他面前，让他安静下来，开始沉思、放松。

中午12点的时候，亚度尼斯还陶醉在这些声音的美感中，但是遵照医生的要求，他不得不打开第二个处方。第二个处方上面写道："回想。"于是，亚度尼斯回想起儿时在海边嬉戏，与家人一起拾贝壳的情景……往日的温情与快乐像潮水般涌来。

快到下午4点的时候，亚度尼斯正沉醉在美好的往事中，体验那难得的温暖与喜悦，这些都使他不愿去打开最后一个处方。但他还是打开了，上面写道："回顾你最初的动机。"这是最困难的部分，亦是整个"治疗"的重心。亚度尼斯开始反省，像过电影一样将工作中的每件事、每一个人都在脑海中"放映"。这时，亚度尼斯很痛苦地发现他很自私，他从未想过去超越自我，从未去认同更高尚的目标、更纯正的动机，他的生活不幸都是他自己造成的。此刻，亚度尼斯终于发现了造成自己疲倦、无聊、空虚、压力的真正原因。自省过后的亚度尼斯决定一切都从改变自己开始，这样自己也不会再继续抱怨生活了。

男孩要懂的道理

苏联著名作家高尔基说过："反省是一面莹澈的镜子，它可以照见心灵上的污点。"没错，一个男孩立足社会的关键在于你有没有足够的知识、智慧和能力，懂不懂得反思和自省。只有不断反省自身，你才能查漏补缺，知道自己以后的人生方向在哪里。

快乐成长金钥匙

成功之花在自省中绽放

古人云："君子博学而日参省乎己，则知明而行无过矣。"大意是说那些博学多识的人如果能够每天反省自己的言行，那么他不光是智慧明达，就连他的言行也会没有什么过错的。可见，人在探求学问的过程中不但要有自知之明，更要懂得反省自身，努力改正自己的不足，这样才能在提高自身修养的同时走向成功。

现实生活中每个男孩都希望学业有成，成为他人羡慕的成功之人，但成功是需要过程的，在这个过程中会出现挫折、打击、困苦、阻碍……如果你不能凭借坚强的毅力踏实地走下去，不懂得时刻反省自己在学习和生活中存在的问题和不足，更不积极主动地思考解决办法，那么你很难取得成功，更体会不到成功带来的满足感。

所以，要想成功，要想获得幸运之神的青睐，你就必须学会吃苦，学会自省，就像李开复说的那样：“勇于承认错误，主动接受批评；不断追求进步；多听取他人的意见和建议，接受‘良师’的指点；事后认真反省，努力改变自己。”唯有这样，你才能在自省中认识到自己的不足，进而通过不断努力和积极进取获得成功。

总之，无论你是在学习中还是在生活中，不要只抱有“已经不错了”“还行”“足够好”等心态，要时刻鞭策自己，“你还可以再好一点儿”“努力会让你更好”，久而久之，你会发现自己在成功的路上已经比别人走得更远了。

自己才是自己的镜子

爱因斯坦从小就是一个十分贪玩的男孩，为此，他的母亲时常忧心忡忡，虽然再三告诫，但是对于爱因斯坦来说就如同耳边风一样。

时光飞逝，爱因斯坦16岁了，但是贪玩的爱因斯坦还和以前一样。所以，一个秋日的午后，父亲将正要去河边钓鱼的爱因斯坦拦住，苦口婆心地给他讲了一个故事，正是这个故事改变了爱因斯坦的一生。爱因斯坦的父亲是这样讲述的：“昨天，我和我们的邻居杰克大叔去清扫南边工厂的一个大烟囱，那个大烟囱非常高，只有踩着里边的钢筋踏梯才能上去。你杰克大叔在前面，我跟在他的身后。我们小心地抓着扶手，然后一阶一阶地终于爬上去了。等我们清扫好烟囱下来时，也是你杰克大叔走在前面，我还是跟在他的后面。等到我们钻出烟囱的时候，发现了一件特别奇怪的事情：你杰克大叔的后背、脸上全都被烟囱里的烟灰蹭黑了，而我的身上竟连一点儿烟灰都没有。”

父亲看了一眼正听得津津有味的爱因斯坦，接着说道：“当时，我看着你杰克大叔脏得像小丑一样的滑稽模样，就以为自己也是如此，于是赶紧走到附近的小河里去洗了又洗；而你杰克大叔看见我钻出来时干干净净的，他就以为自己也和我一样是干干净净的，所以，他简单地洗了两下手，就大模大样、神情坦然地上街了。可想而知，他那种样子引得路上的行人哈哈大笑，还以为你杰克大叔是个疯子呢！”

爱因斯坦听完这个故事，忍不住和父亲大笑起来。父亲看着哈哈大笑的儿子，收敛了一下神情，郑重地说道：“儿子，其实世上没人能做你的镜子，只有自己才是自己的镜子。拿他人做镜子，白痴或许会把自己照成天才的。”爱因斯坦听罢，顿时满脸愧色。

从此之后，爱因斯坦离开了那群顽皮的孩子，他学会了用自己做镜子来审视自己，进而一步步完善自己，并最终获得了令人瞩目的成就。

男孩要懂的道理

马来西亚有这样一句谚语：“天上的繁星数得清，自己脸上的煤烟却看不见。”爱因斯坦的父亲所讲的故事和这句谚语所表达的意思是相同的，都旨在告诉人们这样一个道理：大多数人看到的永远是别人身上的缺点，而看不到自己身上的缺点，人只有不断审视自己，才能完善自己。

快乐成长金钥匙

自我审视，让你更完美

古人云：“内省不疚，夫何忧何惧？”大意是说：人在反省自身的时候，发现心无愧疚，那么就没有什么可以忧惧的了。没错，如果你问心无愧地生活，脚踏实地、努力刻苦地学习，不断修正自己身上的缺点和错误，那么有什么可担心的呢？

当然，人无完人，作为一个普通男孩，在生活中和学习上自然会遇到各种各样的问题，但只要你学会不断审视自己，能够看到自身的不足，通过不懈努力，一定能够取得成功。

所以，现在开始就请好好审视你自己吧！当有一天你学会把自己放在旁观者的角度，观察自己、反省自己、修正自己的时候，你将会获得更好的发展。

征服世界，先学会自制

世界上最伟大的励志成功大师拿破仑·希尔在其事业生涯的初期，并不是一个十分懂得自制的人。一切都要从一件十分普通的事情说起，正是这件事情让拿破仑·希尔获得了一生当中最重要的一次教训。

一天，拿破仑·希尔和办公室大楼的一个管理员发生了一场误会，而这个看似不起眼的误会却导致两人彼此憎恨，甚至演变成激烈的敌对状态。这个管理员为了表达自己对拿破仑·希尔的不满，当他知道整栋大楼里只有拿破仑·希尔一个人在办公室里工作时，他就故意把大楼的电灯全部关掉。而且这样的事情并不止一次地发生，有时候这个管理员就像一个恶作剧的小孩，一晚上会灭好几次灯。当然，拿破仑·希尔对这一切都是心知肚明的。所以，他决定找个机会好好反击。终于在某个星期天机会来了，这天，拿破仑·希尔正在书房里为第二天晚上准备一篇预备演讲稿，当他刚在书桌前坐好时，电灯突然就熄灭了。

这下可真把拿破仑·希尔惹火了，他立刻跳起来，直奔大楼地下室，他早就知道在哪儿能找到那个恶劣的管理员。当拿破仑·希尔到地下室的时候，他发现那个管理员正一边愉快地吹着口哨，一边忙着把煤炭一铲一铲地送进锅炉内，似乎刚才什么事情都没有发生过。

拿破仑·希尔非常气愤，他立刻对这个管理员破口大骂起来，一连骂了很长时间，直到再也想不出什么骂人的句子。拿破仑·希尔觉得他把这辈子能说的脏话全都冲着管理员毫无保留地发泄出来了。

听完他的话，那个管理员停止了手上的动作，然后站直身体，转过头来，脸上始终带着开朗的微笑，并以一种充满镇静与自制的柔和声调说道：“喂，你今天早上有点儿激动吧，不是吗？”

管理员的这句话就像一把锐利的短剑，一下子刺进了拿破仑·希尔的身体。

拿破仑·希尔觉得挫败极了，因为此时站在自己面前的这个管理员是一个既不会写也不会读的文盲，虽然他有很多缺点，也很令人讨厌，但是他却在和自己的这场战争中赢了自己。更糟糕的是，自己是错误的而主动前来的一方，站在这里只会使自己更加难堪，刚才对管理员的冲动辱骂让自己的修养、风度等全都消失了。所以，拿破仑·希尔郁闷地转过身子，以最快的速度回到办公室，他不再去想那篇未完成的演讲稿，而是开始把整件事情反省了一遍，立即发现了自己的错误。但是，让他去采取行动化解自己的错误，对于他来说还是有些困难。

不过，拿破仑·希尔也深知，自己必须向那个管理员道歉，这样心里才会平静。最后，他作了很久的思想斗争，终于下定决心去地下室向那个管理员道歉，并且忍受随之而来的羞辱。

再一次来到地下室，拿破仑·希尔把那个管理员叫到门边。管理员以平静、温和的声调问道：“先生，你这一次想要干什么？”拿破仑·希尔说：“对不起，我是来为我刚才的言行道歉的，如果你愿意接受的话。”

管理员脸上露出了平和的微笑，他说：“以上帝之名，你用不着向我道歉。除了这四面墙壁，以及你和我之外，并没有其他人听见你刚才所说的话，而我不会把它说出去的。当然，我知道你也不会说出去的，所以，你看，我们都把这件事情忘了吧！”

没想到管理员的这段话让拿破仑·希尔心里的憋屈比刚才那顿臭骂还深，因为管理员的这段话不仅表示他愿意原谅自己，实际上更表示愿意协助自己隐瞒此事，不使它宣扬出去，以免对自己造成伤害。

拿破仑·希尔朝着管理员走过去，并且紧紧握了握对方的手。在走回办公室的途中，拿破仑·希尔的心情变得很好，因为他终于鼓起勇气，改正了自己的错误。

这件事情让拿破仑·希尔明白了一个道理：人绝不可以失去自制。因为一旦失去自制，不管是大字不识的管理员还是满腹经纶的有教养的绅士，都能轻易地被打败。

下定决心要提高自己的自制力的拿破仑·希尔，身上开始发生显著的变化，无论是他的学识、语言、修养、人际关系、合作等都比以前更加出色。拿破仑·希尔说："与管理员的这件事情教导我，一个人除非先控制了自己，否则他将无法控制别人。它也使我明白了这句话的真正意义：'上帝要毁灭一个人，必先使他疯狂。'"

男孩要懂的道理

"一个人不能克制自己，就不能控制他人。只有先控制自己，才能控制他人。"这是德国著名思想家歌德说过的一句话。一个男孩如果不能自制，那么他在处理问题或者面对事情的时候，就不能掌握主动权，很容易被人牵制或者受到外界的影响，进而做出一些令自己后悔莫及的事情。所以，男孩一定要有自制力。

快乐成长金钥匙

如何培养自制力

1915年毕业于西点军校的美国陆军五星上将布雷德利说过："一个能够自制的思想，才是自由的思想。自由就是力量。有时，为了获得真正的自由，必须暂时努力约束自己。"的确，你想要自由，就要先学会自制。

那么，如何培养自制力呢？对此，美国著名幽默大师马克·吐温是这样回答的："关键在于每天去做一点儿自己心里并不愿意做的事情，这样，你便不会为那些真正需要你完成的义务而感到痛苦，这就是养成自觉习惯的黄金定律。"当然，做自己不愿意做的事情最初是有些痛苦，但当你勇敢地坚持下来，一定会取得非常好的效果。

除此之外，培养自制力的方法还包括：故意与自己过不去的反其道而行法、遇到不良刺激时不断平复自己心情的心理暗示法、即将失去控制时竭力回避的回避刺激法、情绪波动时利用听音乐或者绘画来宣泄不良情绪的合理发泄法、把激烈情绪转化为强大动力的积极补偿法等。

总之，就像美国著名励志大师戴尔·卡耐基说的那样："如果你辩论、争抢、反对，你或许有时获得胜利，但这种胜利是空洞的，因为你永远也得不到对方的好感。天下只有一种方法能得到辩论的最大利益，那就是避免争论。"可见，自制力才是男孩获得胜利的关键。

警惕第一次饮酒

爱德华是美国北部小镇上的一个小男孩，他有一个大朋友，那就是他的邻居奥德里奇。一天，爱德华敲响奥德里奇家的门，然后大声说道："奥德里奇叔叔，今天早上天气晴朗，空气很新鲜，我们去散步吧？"

奥德里奇打开房门，请爱德华进屋，然后说："好的，爱德华，等我拿上帽子和手杖，我们就走。今天，我有一个故事讲给你听，你认识可怜的亚当·桑德兰吗？"

爱德华说："认识，奥德里奇叔叔，这里没人不认识他，他是一个衣衫褴褛的酒鬼。"

奥德里奇穿戴好衣衫，拿好手杖，和爱德华一起去外边散步。他接着刚才的谈话说："是的，这里没人不认识亚当·桑德兰。我记得我在很多年前就认识他，小时候我们还经常一起玩耍呢。就在几十年前，他还是我们当中的好孩子呢！不过，后来他离开了学校，他的父亲也不幸去世了，而他不得不在城里的一家杂货店打工，就是在那里，他变了。"

"奥德里奇叔叔，他变成什么样了呢？"爱德华问道。

“哦，他变得夜里不再努力读书，而是去电影院、剧院、舞厅这些地方，很快他跟着别人学会了打牌，更爱上了赌博，而且总是输得多、赢得少。他开始厚颜无耻地给家中穷苦的母亲写信，告诉她他把钱输光了，于是疼爱儿子的母亲寄钱帮他还了赌债，并要求他回乡下来。如母亲希望的那样，他真的回家了，朋友们也都原谅了他。亚当·桑德兰又过起了像以前那样快乐、幸福的生活。甚至经过他的努力，一切都变得更好了。他改掉了身上的恶习，开始努力工作，并且还娶到了一位漂亮、贤惠的妻子。”

“那他为什么会变成现在这样呢？”

“是一个东西毁了他呀！当初，在城里打工的时候，他学会了喝酒，他曾对我讲过，喝酒会让人上瘾，一旦你喝酒上了瘾就再也戒不掉了。因此他一再对我说：‘警惕第一次饮酒。’他也知道喝酒对自己不好，但是他又无法抗拒来自酒精的诱惑。所以，他不停地在酒吧里进进出出。不久后，他的母亲悲伤地去世了，再接着他那贤惠、可爱的妻子也去世了。”

奥德里奇叹了一口气，接着说道：“亚当·桑德兰失去了所有的尊严，变得越来越糟糕，他成了一个地道的酒鬼。昨夜，城里有人来信说，亚当·桑德兰因为偷窃而被送进了监狱，判了15年。我想他的余生都要在冰冷的监狱中度过了，因为他已经很老了。想到他此时的悲惨结局，我永远也不会忘记几年前他说过的话：‘警惕第一次饮酒。’”

爱德华仰着稚嫩的笑脸说：“奥德里奇叔叔，我不会喝酒的！”奥德里奇笑着说：“可爱的小家伙，你要懂得正确认识自己和把握自己，绝不能让那些坏毛病毁了你，千万要记得我讲的这个故事。不要让自己成为酒鬼，也不要让自己养成恶习！”

“我知道了，奥德里奇叔叔。”

男孩要懂的道理

男孩如果不能正确认识和把握自己，那么很可能就会像故事中的亚当·桑德兰一样，将自己的人生搞得一团糟。所以，要想拥有一个幸福而美满的生活，男孩必须正确认识和把握自己。

快乐成长金钥匙

如何正确认识和把握自己

大多数男孩看到的永远是别人是什么样的，而对于自己却缺乏正确的认识。例如，你也许可以准确地说出自己同桌身上的优点、缺点、特长、性格、习惯等，甚至可以帮助他找到一些改掉缺点的好方法，但是对你自己却是模糊的。那么，如何正确认识和把握自己呢？

首先，你可以通过自我观察来认识自己。日常生活中，你要做一个“有心人”，注意观察自己的学习态度、能力、兴趣、性格、情绪变化、特长、行为举止等，不断找出自己的优点和缺点，然后强化优点、改正缺点。

其次，你可以通过别人来了解自己。周围人对你的评价和态度有助于你正确认识、了解和把握自己。当然，你不能因为别人对你的评价不好，就认为对方的评价是错的，甚至恶语相向，要冷静分析，不盲目接受，也不轻易忽视。

最后，要不断加强自律性。一个人太放任自己很容易出问题，加强自律性，可以帮助你养成一些良好的生活习惯，增强自信心，进而更加准确地认识和把握自己。

闯红灯惹下的麻烦

一个下着鹅毛大雪的夜晚，德国人哈帝抱着侥幸心理驾车闯了一次红灯，结果被一个清洁工发现了。

没隔几天，保险公司的电话就打来了："您的保费从明天开始增加1%。"

"为什么？"哈帝大惑不解。

"我们刚刚接到交通部门的通知，说您闯过红灯。根据我们的经验，这种人很危险，所以我们必须提高您的保费。"

哈帝心想，既然如此我就退保，到另一家保险公司投保。但当他找到别的保险公司时，这些公司也提出同样的要求——他的保费必须比别人多1%。原来，全德国的保险公司通过网络都知道他有一次闯红灯的不良记录，所以任何一家保险公司都会这么做。

没过多久，哈帝的太太问他："亲爱的，银行突然通知我们购房分期付款从15年改为10年，到底发生了什么事？"

哈帝打电话过去质问原因，对方客气地答道："先生，很抱歉，因为您前几天闯过红灯。"

妻子生气地说："什么！闯红灯？我们家现在已经穷得要去睡马路了，哈帝，发生这种事情，你自己想办法吧！"

不久，哈帝的儿子从学校回来对他说："爸爸，老师要我把学费用现金送过去，不能再通过支票分期预付了。"

事后，当哈帝的儿子得知这一切都是因为父亲闯红灯造成的时候，感到不可思议："啊！爸爸，您闯红灯！难怪大家都笑我，下星期我不想去学校了，真丢脸！"

不幸的是，哈帝的上司也来找他谈话了，要求他更换一个工种，因为原来的工作需要很强的责任心。虽然哈帝过去一直干得很好，但现在他必须让位给其他人——没有人相信他会始终兢兢业业、认认真真。

哈帝最终陷入困境，只是因为一次闯红灯的记录。

男孩要懂的道理

世人在遇到某些事情的时候或多或少地都存有侥幸心理，而这种心理是人性的普遍弱点，存有这种心理的人往往怕承担责任、怕接受惩罚，以为自己会有些运气，能够神不知鬼不觉地躲避过去。事实上，只有脚踏实地、遵守规则的人，才会更加坦然、快乐、健康地生活。

快乐成长金钥匙

怎样克服侥幸心理

在学习和生活中，你是不是心中也曾存有这样的侥幸心理：“我做错了，可能没人知道。”“反正没人发现，我不如……”“万一父母发现不了呢？”“也许我可以躲过……”“考试可以临时抱佛脚”等。那么，怎样克服侥幸心理呢？

首先，你必须脚踏实地地做事。有些男孩总是喜欢临时抱佛脚，事情到了眼前才想起来去做，结果因为时间紧迫或者其他什么原因，就抱着侥幸心理随意混过去，自然干不成什么大事。

其次，你要具有认真负责的态度，不要明知故犯。上述故事中的哈帝明明知道闯红灯不对，可他还明知故犯，结果给自己惹来一连串的麻烦。所以，你不要只相信运气，要具有较强的责任意识。

最后，你要时刻提醒自己，不要要“小聪明”。男孩做事稳妥，不投机取巧，时刻警惕侥幸心理，那么慢慢地你会发现自己做事越来越沉稳和老练。

将贪欲关在笼子里

马歇尔是一所大学的客座教授，他平时非常喜欢研究中国文化。有一天，他给学生们讲到内蒙古草原上的一种鼬鼠。他对学生们说：“在中国的广袤草原上有一种鼬鼠，它们整日忙忙碌碌，不知疲倦地去寻找食物，然后把吃不完的食物储存到洞穴里。有人曾据此做过一项统计，鼬鼠一生要储存20多个粮仓，足够十几只鼬鼠毕生享用。但是你们知道鼬鼠最后是怎么死的吗？”

有的学生说：“可能是被它们的天敌咬死的！”这一说法得到大部分同学的响应。

这时，有个男同学大声说：“它们一定是被撑死的！”这个同学的回答引得大家哈哈大笑。

马歇尔也被这个男同学逗乐了，但是他摇了一下头说：“你们说得并不十分准确，它们最后大多是饿死的。”

饿死的？这怎么可能！学生们都大惑不解地看着马歇尔教授。马歇尔说：“一般来说，到了晚年的鼬鼠，因为年老体弱已经不能在草原上奔走，它们便开始躲进自己的粮仓里，但是它们必须经常啃咬硬物磨短两颗门牙，否则就会因门牙的快速生长而无法进食。但鼬鼠以前在粮仓里并没有储存硬物，结果因没有硬物磨牙致使门牙不断生长，长长的门牙让鼬鼠无法进食，而它们也没有力气爬出洞外找硬物，最后只能饿死在粮堆上。”

这时，有学生说：“这些鼬鼠可真够笨的，智商真低。”但马歇尔教授却说：“鼬鼠并不是笨，事实上，它们是一种很有灵性的动物，从它们储存粮食这一点上就可以看出来。要知道，鼬鼠不是因愚蠢而饿死，而是饿死在自己的贪欲上。因为过度的贪婪和欲望让它们眼中只看到粮食，而看不见粮食以外的任何东西。所以，陷入贪欲陷阱里的鼬鼠，根本看不到未来的隐患，看不到潜在的危机，所以是贪欲葬送了它们。”

听完马歇尔教授的这番话，学生们都陷入了沉思。

男孩要懂的道理

无论是动物还是人，都会有贪欲，而这种欲望就像加了盐的水，让你越喝越渴，最后甚至会撑破肚皮。所以，男孩只有控制自己的贪欲，才能获得更多的人生智慧和成功。

快乐成长金钥匙

如何克服贪婪

德国著名哲学家叔本华说过这样一句名言：“财富就像海水，饮得越多，渴得越厉害；名望实际上也是如此。”其实，不只是财富、名望，很多东西都是如此，如果你被贪欲所左右，那么，对你的发展是十分不利的。

例如，你很喜欢吃蛋糕，每次见到蛋糕你就抵挡不了它的诱惑，哪怕你已经吃饱了，哪怕你正在减肥，但你也要想方设法地去弄块蛋糕吃，结果不是被撑着了，就是又胖了。如果男孩没有控制贪婪的力量是很可怕的，因为贪婪会让你慢慢变成一个唯利是图、不知节制、不择手段的人。那么，如何克服贪婪呢？

首先，你要树立正确的价值观。这个世界并不是只有钱才是人生存的唯一条件，你不断地努力学习和奋斗，是为了让自己更快乐地生活，是在追求自己的理想。

其次，你要学会知足常乐。很多男孩因为攀比和虚荣心理作祟，总是不知满足，例如，看到别人穿名牌，即使家庭经济状况不允许，也要逼迫父母给自己买。其实，这根本没必要，你要和别人比的是成绩和上进心，而不是吃穿。

最后，你要学会常常自我反思。例如，你可以在一张纸上写下自己的要求，看看哪些是合理的，哪些是在贪婪范畴的，然后根据自己的实际情况，分析清楚，做出正确判断。

管好自己的嘴巴

一天，年轻人菲利普急急忙忙地跑到智慧大师那儿，说：“大师，我有个消息要告诉您……”“等一等，”智慧大师打断了他的话，“你要告诉我的消息，用三个筛子筛过了吗？”

“哪三个筛子？”菲利普不解地问。

智慧大师说：“第一个筛子叫真实。你要告诉我的消息确实是真的吗？”

菲利普摇着头说：“这个我不清楚，这个消息是我从邻居比尔那里听到的。”

“现在再用第二个筛子审查吧，”智慧大师接着说，“你要告诉我的消息无论真假与否，也应该是善意的吧？”

菲利普吞吞吐吐地回答：“大师，事实上，刚好相反……”

智慧大师再次打断菲利普的话：“那么，我们再用第三个筛子，请问，使你如此激动的消息很重要吗？”

“这个消息并不十分重要。”菲利普不好意思地挠着头说。

智慧大师说：“你要告诉我的事，既不真实，也非善意，更不重要，那么，年轻人，就别说你的消息了！要知道，这样的话如果不说，就不会困扰你和我了。”

男孩要懂的道理

俗话说：“祸从口出。”男孩们有时聚在一起总喜欢天南海北地“侃大山”。也有很多男孩喜欢到处吹牛，嘴里说出来的话没边没沿。一般来说，健谈的男孩的确很招人喜欢，但如果你所说的是闲话、瞎话，那么，人们就会厌恶你。所以，平时还是多管好自己的嘴巴，以免伤害别人的同时，也给自己惹来麻烦。

快乐成长金钥匙

如何“管好”自己的嘴巴

男孩们聚在一起最常说起的话题是新闻、体育、军事、科技等，但有些时候也会出现讲闲话、漫天谈的现象。

其实，男孩健谈和能说会道并没有错，但如果你讲话没尺度，管不住自己的嘴巴，不是对别人的事情说三道四，就是说话尖酸刻薄，那么，人们就会厌恶你、躲避你，甚至和你绝交。所以，你不要到处去讲是非、讲闲话或者诋毁别人。可见，话不在多，全看你怎么说，要知道，有时候“沉默是金”。

男孩一定要记住：莫在他人背后论是非长短、挑拨怨仇，这样才能为自己赢得更多的人气。

别让冲动害了你

被尊称为美国国父的乔治·华盛顿从小接受的就是“绅士教育”，在他还是一名小学生的时候，父母就让他抄写100遍“如何成为一名绅士”的准则。

华盛顿一直接受着良好的文化教育，他毕业于美国最古老的贵族学院之一——威廉玛丽学院。而他一直给人的印象是富有开拓精神、吃苦耐劳、待人谦和、心地善良。1774年，华盛顿率军驻防在亚历山大市，此时他已经成为一名上校，弗吉尼亚州议会正在进行议员选举。当时，华盛顿和一个名叫威廉·佩恩的人政见不同，两人支持的议员人选也不同，在竞选的过程中，两人自然免不了一番唇枪舌剑的辩论。有一次，辩论进行到激烈之处，华盛顿一时没有控制住自己的情绪，说了几句很不入耳的难听话。而脾气火暴的威廉·佩恩则在盛怒之下挥起手杖将华盛顿打倒在地。一见对方动起手来，一直拥护华盛顿的部下迅速赶来，个个卷起袖子、怒气冲冲地要找威廉·佩恩算账。幸好，华盛顿及时劝阻想要给他报仇的部下，让大家平复心情退回营地，他说，自己会处理所有问题。

第二天上午，华盛顿约威廉·佩恩到一家当地的酒店碰面。按照当时很多贵族的习俗，威廉·佩恩以为华盛顿会当面要求他道歉并且会和他来一场关于“尊严”的决斗，无法拒绝的他只好无奈赴宴。

没想到，等到佩恩走进酒店之后，等待他的不是因被打而愤怒的华盛顿，而是笑容可掬、手持酒杯面对他的绅士华盛顿。华盛顿笑着说：“佩恩先生，真的很抱歉！请您原谅我昨天的鲁莽冲动，如果您觉得我们之间已经扯平了，那现在就让我们像朋友那样握手言和吧，怎么样？”

看着华盛顿伸过来的友好之手，佩恩也笑了，伸出了自己的手。就这样，华盛顿因为控制了冲动而收获了一个朋友，减少了一个敌人。从此之后，威廉·佩恩成为华盛顿最坚定的支持者之一。

男孩要懂的道理

有些男孩认为，冲动是一种有血性的表现，这种表现会让自己像个男人或者像个英雄。但是鲁莽的冲动对你一点儿好处都没有，更加不能帮助你解决问题。真正的男子汉应该是这样的：能控制自我，不冲动、宽容大度、冷静、睿智。

快乐成长金钥匙

冲动是魔鬼

捷克著名的教育家扬·阿姆斯·夸美纽斯说过：“青年人应当不伤

人，应当把个人所得的给予个人，应当避免虚伪与欺骗，应当显得恳挚悦人，这样学着去行正直。”人年轻的时候有时喜欢冲动，尤其是血气方刚的男孩。但是冲动很多时候是一种不理性的行为，对你要解决的问题没有任何帮助，相反，可能会火上浇油。要知道，冲动是魔鬼。

有些男孩可能会说，做事冲动才是男子汉大丈夫应该具有的激情和冒险精神。如果你有这种认识，那么赶快丢掉，因为真正的做事富有激情和冒险精神，与处理事情鲁莽冲动完全是两码事。富有激情和冒险精神的男孩，头脑应该是清晰的，你是在理智的支配下采取行动的；而鲁莽冲动就不同了，它是你一时头脑发热、在混乱的情形下失去自制力而采取的有些过激的行动。相应地，两种行动造成的结果也是大不相同的，前者让你开阔视野，获得意外收获；而后者可能会伤害到你自己或者他人，甚至会造成无法弥补的后果。

因此，在你失去理智冲动行事之前，一定要慎重考虑一下你这样做的后果是什么，会不会对自己和他人造成伤害？无论做什么事情、面对什么人，你都要尽量让自己保持理智，只有这样才不会做让自己后悔的事情。

10美元的生活费

托德刚上大学时，父亲和他约定：每月10日给托德400美元的生活费。

托德一直以来都是一个花钱不节制、毫无计划的人。平时，三天两头与要好的哥们儿到校园附近的餐馆挥霍。结果第一个月还没过完，托德的口袋里就只剩下几枚硬币了。第一个月，父亲容忍了儿子的无节制做法，提前把第二个月的生活费寄了过来。然而托德却不知悔改，接下来的几个月，托德还是一如既往地无节制挥霍，好像家里有个提款机似的。

终于，在离第四个月的收款日还遥遥无期的时候，托德又一次捉襟见肘、身无分文了。万般无奈之下，托德只好拍了一封电报回家，内容简短明了："爸爸，我饿坏了。"父亲很快回了电报，也非常简短："儿子，饿着吧。"

短短的5个字却让托德的生活发生了奇妙的变化。在接下来的日子里，仅剩下10美元的托德开始绞尽脑汁节衣缩食，每次从兜里往外拿钱的时候，他都会细细打算，竟然也把艰难的日子熬过去了。

这10美元的生活费教会了托德精打细算过日子。最重要的是，托德发现其实只要自己稍稍节制一下不必要的支出，每月400美元的生活费足够了，而且如果自己利用课余时间打工，那么每月就能为家里节省很多钱。于是，托德开始每月精打细算地过日子，并且真的找了一份兼职，这样一来，托德每个月不但能从父亲给的400美元生活费中节省出一部分钱，再加上自己打工的钱，他可以毫不费力地用这些钱买自己喜欢的书、磁带、唱片，甚至可以做一些比如旅游、捐款等有意义的事情，当然也可以偶尔和朋友们到餐馆聚聚。

这样的改变，让托德的大学生活变得比以前更加充实、有趣、丰富多彩了。

男孩要懂的道理

美国著名的政治家本杰明·富兰克林说过："既不要浪费时间，也不要浪费金钱，要好好利用它们。没有勤劳与节俭，你怎么做都不会成功；有了这两样，就是有了一切。"没错，浪费是男孩必须避免和改掉的坏毛病，否则不仅会给家人增添负担，而且也容易让自己的生活变得空虚和没有意义。

快乐成长金钥匙

勤俭节约，合理消费

波斯著名诗人萨迪在其著作《蔷薇园》中这样写道："谁在平日节衣

缩食，在穷困时就容易过难关；谁在富足时豪华奢侈，在穷困时就会死于饥寒。”勤俭节约一直都是我们中华民族的传统美德，不过由于现在人们生活水平的日益提高，奢侈浪费现象日趋严重，很多男孩也经常会有不合理的消费。例如，有些男孩一见到新的电子产品上市就要买，还有些男孩在吃穿上也一定要最贵的和最好的。这种盲目的、不合理的消费不但会给父母增加金钱上的负担，对你自己来说也是一种负担。

因此，你必须让自己改掉这种奢侈浪费的坏习惯，养成勤俭节约的好习惯，同时也要掌握一定的理财知识，这样你不但减轻了别人的负担，而且能更加合理地规划自己的生活。

天才球员之死

埃迪·格里芬曾经是姚明的队友，而且他也曾是一位非常有前途的NBA 球员。格里芬在进入联盟之后因为其出色的表现，更被人们认为是一位天才球员，他的未来不可估量。

埃迪·格里芬是一个身高2.08 米的大高个儿，他不仅是一名表现出色的盖帽专家，而且还可以像后卫那样投三分和参与快攻，被火箭队高层称为未来的“德雷克斯勒”。

拥有出色的弹跳力、灵活的身手、迅猛的封盖和精准的三分远投，埃迪·格里芬这样一个全面的新人球员，无疑是火箭队重点培养的对象，而他与姚明、弗朗西斯组成的“火箭三叉戟”更在篮球赛场上所向披靡。优越的身体素质和超人天赋让不少篮球专家非常看好格里芬未来的发展，但是不羁的性格和生活的放荡，却让这颗耀眼的未来之星过早地在篮球赛场上陨落，成为众多球迷心中的遗憾。

性格孤僻的格里芬平时并不善于和其他队友交往，所以大部分人都不了解格里芬，也不知道他有什么烦闷、发生了什么事情、有什么想法。

很多时候，他是用自己的方式来自我发泄，而且往往无法控制自己。

在篮球职业生涯很重要的前两年里，格里芬就像上学时总是闯祸和叛逆的少年，无故缺席训练、停赛和惹上官司。2003~2004年，他还因为酗酒曾接受过专门的酒精治疗，更多次因吸毒被警察抓到。森林狼主帅凯西曾这样说过格里芬：“他始终都没改变自己的坏习惯，这对他是个悲剧，其实这孩子有一颗美丽的心灵。”格里芬曾在上大学期间因为口角在更衣室里暴打队友；他也曾经朝自己的女朋友举枪；他违反球队纪律不参加训练更是家常便饭……即便格里芬是个难得的天才球员，但有哪个球队愿意收留这样的球员呢?

2003年12月，格里芬因为多次不参加球队训练和比赛，最终被火箭队扫地出门。从此之后就连汤帅再提起那束叫作“埃迪”的玫瑰时也总是哀伤地说：“埃迪已被毒死。”格里芬离开火箭队之后，被网队收留了，并被送往戒酒中心治疗，但他还是因为场外原因而再一次失去上场打球的机会。仅仅过了两个月，他就被网队解雇。

2004年夏天，格里芬以极低的价格签给了明尼苏达森林狼队。最初的第一个赛季，格里芬还能好好打比赛，那些坏毛病和不良行为也收敛了不少，但好的状态没有维持多长时间，他就又开始惹是生非了。2007年3月，森林狼队也将格里芬扫地出门。

2007年8月17日凌晨，驾驶一辆SUV 的格里芬无视铁路警告标志，强行穿越护栏后，撞上了一辆疾驶的货运列车。不幸就这样发生了！车祸现场惨不忍睹，SUV 起火烧毁，司机的尸体被严重烧伤，警察无法辨认死者身份。最后，是调查人员通过牙科鉴定才确认了死者就是格里芬。当时，格里芬才25岁！

一个天才球员，一个年轻的生命，却因为放纵而英年早逝，格里芬的经历令人感叹、痛心不已。

男孩要懂的道理

太过放纵可以轻易摧毁一个天才的人生，太过放纵也可以轻易打垮一个英雄的身躯。无论你是天才还是凡人，都不能太放纵自己，而是要懂得约束和收敛。只有这样，你才可能踏实、谨慎地走好每一步，为未来的成功打好基础。

快乐成长金钥匙

如何提高自我约束力

古罗马著名哲学家塞涅卡说过："能约束自己的人，最有威信。"如果一个男孩学不会自我约束，而是没有节制地放纵，那么他很可能就会像曾经的篮球天才格里芬那样毁掉自己原本美好的一生。

那么何谓自我约束力，男孩又该如何提高自我约束力呢？其实，自我约束力就是你的自制力、自控力、自律力，内容可以表现为：对不良情绪的控制、对不良欲望的控制、对不良习惯的克服、对不良行为的抵制等。

要想提高自我约束力，首先，你就要给自己制订一个坚定的目标，并且按照计划一步步地去完成。人一旦有了目标和理想，就有了继续努力的方向，也会慢慢排除外界对自己的干扰。

其次，你要遵守纪律和规则。常言说："无规矩不成方圆。"男孩无论在团体活动中，还是在社会上，都应该遵守纪律和规则，这样才不会因为放纵而犯错。

最后，你要尽量改掉身上的一些诸如情绪化、虚荣、自私、懒惰等坏毛病，养成良好的生活习惯，以积极、平和、乐观的心态来面对生活。

第四章

好心态，好性格，好命运

俗话说：“播下一种行为，收获一种习惯；播下一种习惯，收获一种性格；播下一种性格，收获一种命运。”其实，不但性格决定男孩的命运，心态同样也会决定男孩的未来。只有具备豁达、冷静、勇敢、谦虚、乐观……这些好性格、好心态，男孩才会有更好的命运。

小小苍蝇击倒了世界冠军

1965年9月7日，美国纽约正在举行一场激烈的世界台球冠军争夺赛。进入决赛的路易斯·福克斯一直以大比分遥遥领先于对手，只要接下来他再得几分，那么，这场比赛的冠军将非他莫属。

或许是上帝觉得应该为这场比赛带来一点儿“乐趣”，一只不识相的苍蝇落在了主球上。被这只苍蝇打扰的路易斯·福克斯挥手赶走了苍蝇。但是，当他继续俯身打算击球的时候，这只“捣乱”的苍蝇又飞回到主球上来了，同时，这只苍蝇也引起了在场观众的注意，在大家的笑声中路易斯·福克斯再一次起身驱赶苍蝇。此时，这只讨厌的苍蝇已经开始破坏路易斯·福克斯努力保持的轻松、愉快的好情绪了，更糟糕的是，这只苍蝇似乎有意和他作对一样，每次路易斯·福克斯一回到球台，它就又扑扇着翅膀飞回到主球上，引得周围观众哈哈大笑。渐渐地，路易斯·福克斯被真正激怒了，他的情绪恶劣到了极点，以至于失去理智，愤怒地用球杆去击打苍蝇，无意中球杆碰动了主球，根据台球比赛的规则，裁判判他犯规，他也因此失去了一轮绝佳的机会。在接下来的比赛中，路易斯·福克斯开始方寸大乱、连连失利，而他的对手约翰·迪瑞则沉着应对，越战越勇，不但很快赶超了路易斯·福克斯，还扭转了这场比赛的败局，并最终获得了冠军。次日清晨，有人在河里发现了路易斯·福克斯的尸体，没想到经受不住打击的他竟然选择投河自杀了！一只不起眼的小苍蝇，竟然击倒了所向无敌的世界冠军！

男孩要懂的道理

英国著名作家迪斯雷利说过：“为小事生气的人，生命是短暂的。”像路易斯·福克斯这样为了一只苍蝇丢了性命真是太不值得了，甚至可以说有些愚蠢。其实，人生是一个很短暂的过程，把太多宝贵的时间浪费在为小事生气上，实在是太不划算了。聪明的男孩绝不会为那些不值一提的小事而生气，更何况这样还会显得自己不够大度，缺乏男子气概。

快乐成长金钥匙

不为小事生气

《莫生气歌》中有这样几句发人深省的话："为了小事发脾气/ 回头想想又何必/ 别人生气我不气/ 气出病来无人替/ 我若气死谁如意/ 况且伤神又费力……"没错，为了小事生气会显得男孩斤斤计较、心胸狭隘，而且对自己的身心也会造成伤害。可见，为了小事生气太不值得。

有人说过这样一句名言："计算一下你有多少天不曾生气。在从前，我每天生气；有时每隔一天生气一次；后来每隔三四天生气一次。如果你一连三十天没有生气，就应该向上帝献祭表示感谢。"当然，让你一个月都不生气一次，也确实有些难为你，毕竟再无忧无虑的男孩有时也会为一些事情烦恼，例如，学习不顺心，和同学闹矛盾，父母或者老师因为某些事情批评了你，等等。但如果你因为这些小事而生气，那么你的情绪就会变得越来越糟，这样不但伤害了你自己，也容易给别人造成痛苦，所以，凡事多想开一些，多忍让一些，多反省自己，努力保持一种冷静、平和的心态，这样你才会越来越快乐、豁达。

75万美元的保险费

盖伦·利奇费尔德是20世纪三四十年代亚洲最重要的美国商人之一。"二战"期间，他正在中国上海，身份是上海亚洲人寿保险公司的经理。当时，日军轰炸珍珠港后不久就占领了上海。日军派来一个"军方的清算员”——实际上他是一个海军将军——命令盖伦协助他清算保险公司的财产。没有任何办法的盖伦只好选择和日方军官合作，否则他就会死在日军的枪口下。

别无他法的盖伦开始奉命行事。但有一笔大约75万美元的保险费，他没有填在那张要交出去的清单上，因为这笔钱用于他们公司的香港分公司，跟上海分公司的资产无关，可盖伦还是担心万一日本人发现了此事，那样的话他的处境会很糟。

没想到，日本人很快就发现了这件事。而他们发现的时候，盖伦不在办公室，只有公司的财务部经理在场，财务部经理后来告诉盖伦，那个日本海军将军大为恼火，拍桌子骂人，说盖伦是个可恶的强盗，是个可耻的叛徒。盖伦知道，自己有可能会被他们抓进宪兵队去。宪兵队是当时日本秘密警察的行刑处。盖伦有几个朋友宁愿自杀也不愿意被送到那个地方去。

听到这个消息之后，盖伦十分紧张。多年来，每当他有所担心的时候，总会坐在打字机前打下两个问题：

一、我担心的是什么？

二、我应该怎么办？

过去盖伦不把答案写下来，只放在心里琢磨。后来他发现，把问题和答案都写下来能使思路更加清晰。所以，在那个被恐惧笼罩的下午，他直接回到住处，坐在自己的打字机前，打下几行字：

一、我担心的是什么？

我担心明天会被关进宪兵队。

二、我应该怎么办？

1．我可以选择解释，但是那个将军不懂英文。如果找个翻译替自己解释，会使他更加恼火，我就只有死路一条了。

2．逃走。这个方法根本行不通，日本人一直在监视我，如果我打算逃走的话，那么最有可能被他们抓住，然后枪毙掉。

3．我可以留在住处不再去上班。但如果我这样做，日本人很可能会起疑心，把我关进宪兵队。

4．照常上班。那个日本将军可能已经忘了那件事，就算他还记得，也可能已经冷静下来，不再找我麻烦。即使他来吵，我仍然还有辩解的机会。

盖伦思前想后，决定采取第四个办法。

第二天早上，当盖伦走进办公室时，那个日本将军就坐在那儿，叼着一根香烟，像平常一样看了盖伦一眼，什么话也没说。一个半月后，这个将军被调回东京，盖伦的忧虑就此告终。

这完全归功于那天下午盖伦采取的四个步骤：

一、清楚地写下自己所担心的是什么。

二、写下自己可以怎么办。

三、决定该怎么办。

四、马上照着决定做。

其实，事情原本就可以这么简单，只要去做，就没什么可浮躁、焦虑的。

男孩要懂的道理

生活中，很多男孩显得十分心浮气躁，根本安不下心来学习、做事，而且一遇到自己解决不了的问题或者困难就显得冲动、焦虑。这样浮躁的心态根本不利于问题的解决，所以，你不能让浮躁扰乱自己的心，只有静下心来仔细思考对策，才能让自己在心情放松的情况下把问题解决。

快乐成长金钥匙

怎样克服浮躁心理

作为男孩，你是不是在学习或者做事的过程中有这样的表现呢：

小动作很多，喜欢东张西望，或者和别人交头接耳；

不喜欢学习，根本听不进父母和老师的话，记性很差；

管不住自己的嘴，喜欢吹牛和胡侃；

沉溺于网络，甚至想要一直待在电脑前；

时常觉得空虚、无聊、孤独，不会管理时间，容易着急；

不懂得反省自己，即使错了也不承认；

做事三分钟热度，易冲动；

……

假如你具有以上一种或者几种表现，那么你可能就有不同程度的浮躁心理。有些男孩是因为他觉得自己是大人了，有能力去解决问题，结果发现做起来并没有想象中的那么容易，所以显得很烦躁，而一旦心浮气躁，做起事情来就变得急功近利和心绪不宁，到最后问题没解决，男孩对自己的能力反而产生了怀疑。这样对男孩的发展十分不利。那么，如何克服浮躁心理呢？

首先，运用知己知彼的比较法。例如，你想和班级第一名的同学比成绩，那么，你要先比较一下你们两个人在能力、学习时间投入、知识基础等方面是否一样，通过比较你可能会发现自己没对方努力或者没对方花费的学习时间多，那么，你的心态就会稍微平稳一些，不至于显得太过浮躁。

其次，你要具有务实精神，要学会实事求是，绝不自以为是。只有这样，你才不会因为自负、错误的判断而让自己心浮气躁。

最后，你要学会思考。遇到事情的时候要脚踏实地，不能跟着感觉走，看问题要准确，不要头脑一热就去做事，最好能够制订计划。

诚实的孩子，你被录取了

克莱德是一位非常富有而脾气古怪的老绅士，他想要找一个男孩来服侍他的饮食起居，帮他做些事情，他并不要求对方什么，只要那个年轻人是一个诚实正直的孩子就行。克莱德经常对别人说这样的话：“一个总爱往抽屉里偷看的孩子总会试图从里面取出些什么，而那些年轻时偷窃过一个铜板的家伙，长大后总有一天会偷窃一锭金子。”

因为克莱德给出了非常优厚的条件，所以他很快就收到了50多封求职信。不过，他可不是一个马虎的老绅士，对于这些想要这个工作的孩子们来说，他们必须接受考核，只有符合要求的那个男孩才能得到这个工作。

经过克莱德一轮轮的面试，来参加最后面试的是4个聪明精干的小伙子。他们来到了克莱德的面前。克莱德提前准备了一间房子，他要求这4个小伙子逐一进入这间房子，只要在里面的椅子上安静坐一会儿就行。

狄克是第一个走进房间的男孩，刚开始的时候他十分安静。坐了一段时间后，他看见桌子上摆放着一个罩子，在好奇心的驱使下，他慢慢地走到桌子边，然后掀开罩子想要知道里面是什么。突然，一堆非常轻的羽毛飞了起来，于是狄克慌忙把罩子放下，但事情已经开始变得糟糕了，其余的羽毛被风吹得满房间都是。

克莱德在隔壁的房间看得很清楚，狄克无法抵制诱惑，结果可想而知，狄克落选了。

查尔斯是第二个进入房间的男孩。他刚一走进去就看到桌子上放着一盘诱人的、熟透的草莓，馋得他口水都要流出来了。查尔斯心想：“桌子上有这么一大盘草莓，吃掉一个，别人是不会发现的。”于是，查尔斯带着侥幸心理拿起了一个最大的草莓放进了嘴里，但是这个草莓的滋味可不像他想象的那样甘甜爽口，而是十分的辣，他忍不住喊了起来。其实，这些草莓肉都被换成了辣椒。于是，查尔斯也被打发走了。

接下来的是乔治，他看到桌子上有个没有锁的抽屉，而其余的抽屉都被锁着。于是，乔治决定拉开那个抽屉看个究竟。但当他刚把手放在抽屉把手上时，房间里就响起了一阵刺耳的铃声。克莱德气愤地把乔治赶出了房间。

最后一个进入房间的男孩名叫欧恩。他在房间的椅子上静静地坐了半小时，什么也没有动。

克莱德非常满意地告诉他："诚实的孩子，你被录取了！""屋里那么多新奇有趣的东西，难道你不想动一下吗？"克莱德问。"不，先生。在没有得到允许之前，我是不会动的。"欧恩回答道。后来，欧恩一直服侍克莱德，当克莱德去世的时候，留给欧恩很大一笔遗产，从此以后，欧恩过上了富裕的生活。

男孩要懂的道理

美国著名的心理学家艾琳·卡瑟说过："诚实是力量的一种象征，它显示着一个人的高度自重和内心的安全感与尊严感。"没错，诚实的男孩会比那些不诚实的男孩获得更多的尊重与信任，也更容易获得伙伴的好感以及与他人的合作机会。所以，你要做一个诚实的人，这样好运才会常常眷顾你。

快乐成长金钥匙

诚实，是打开幸运的那扇窗

有位伟人说过："自以为聪明的人往往是没有市场的。世界上最聪明的人是最老实的人。因为只有老实人才能经得起事实和历史的考验。"没错，就像《诚实的孩子，你被录取了》这篇故事中的狄克、查尔斯、乔治3个男孩一样，他们3个自以为聪明地偷奸耍滑，结果都被淘汰了，只有诚实的欧恩被克莱德选中，最后胜出。

事实上，诚实比那些所谓的智谋、计策要更好，因为建立在不诚实基础上的智谋总会有被揭穿的时候，这样不仅会让你显得很难堪，甚至还会让你错失很多宝贵的东西。举个简单的例子来说，你周末因为贪玩而没有完成家庭作业，于是，周一早上你对老师说作业忘在家里了，这时老师坚决让你回家去取或者打电话让你父母送过来，那么，此时的你是什么感受呢？肯定是后悔莫及，心想："还不如一开始就诚实地告诉老师自己没写完作业，要不然现在也不会这么倒霉！”

主动承认错误比撒谎、虚伪地掩盖事实更能让你获得别人的谅解，所以，努力做一个诚实的男孩，不撒谎、不虚伪、不失信，久而久之，你就会发现诚实已经为你打开了幸运的那扇窗，让你的人生之路走得比别人更加坦然、轻松和愉悦。

不是我们，而是我将会回来

道格拉斯·麦克阿瑟是美国著名的军事家，五星上将。他曾在“二战”时历任美国远东军司令、西南太平洋战区盟军司令，并在战后出任驻日盟军最高司令和“联合国军”总司令等职。

麦克阿瑟将军被人形容为“具有狼一样性格”的人，因为在残酷的战争中，他像狼一样勇猛、果敢、智慧，给敌人带来致命的打击。这个出生在美国阿肯色州小石城一个军人家庭的男人，虽然也曾经打过败仗，也曾经面对人生中重大的挫折和压力，但他却把这些都当作磨炼自己技能、增添对成功的渴望的手段。

在麦克阿瑟将军的眼中，无论你是勇猛将士，还是败军之将，只要你勇敢、不畏艰险，那么在他心中就是英雄。他先后参加过两次世界大战，39岁那年成为西点军校校长，被人们誉为“西点之父”；50岁时又成为美军历史上最年轻的陆军参谋长。

麦克阿瑟将军一生获得过很多的荣耀，但对他来说，意义最重大的一次荣耀定格在1945年9月2日，这一天，他以盟军总司令的身份主持了日军投降仪式！而当这位勇猛的战将在日军投降书上签名时，竟同时掏出了5支钢笔。为什么要在这如此庄严而又备受瞩目的仪式上，做出这样奇怪的举动呢？

这恐怕要从1941年年底日军偷袭珍珠港事件说起。当时，麦克阿瑟任美军总司令，正驻守菲律宾与日军作战，但由于美国战争准备不充分，加上敌众我寡，美军根本无法抵挡日军的猛烈攻势，谁胜谁败不言而喻。麦克阿瑟将军誓与菲律宾共存亡，他甚至为自己准备了一把自杀的手枪，可是美国政府不想因为这次战斗就失去这样一员猛将。1942年3月，罗斯福总统多次催促麦克阿瑟撤离，最终麦克阿瑟只好孤身撤离了菲律宾，前往澳大利亚接管西南战区。

一个月后，菲律宾被日军攻陷，将近10万美军被迫向日军投降，麦克阿瑟最器重的手下温赖特将军和英军司令亚瑟少将同时被俘。这是美军历史上规模最大的一次缴械投降，也是麦克阿瑟军事生涯中最惨痛的失败。

虽然麦克阿瑟在澳大利亚受到人们英雄般的欢迎，但他知道那只是人们对他以往战绩的肯定，而这次菲律宾的沦陷是他的奇耻大辱。所以，他对媒体记者这样说："现在我出来了，但是我将会回来！"当时战局对美军很不利，美国上下笼罩在悲观之中，但他的这句话极大地鼓舞了人们抗战的信心。更有人向他提议，最好能改成"我们将会回来"。但麦克阿瑟严词拒绝了，他说："不，不是我们，而是我将会回来。"他要独自承担失败的耻辱。

1944年10月，雪耻的时刻终于到来了。麦克阿瑟亲率28万大军在菲律宾莱特岛登陆作战。当时战况激烈，美军刚占领滩头阵地时，麦克阿瑟就迫不及待地换上一身崭新的卡其布军装，冒着枪林弹雨，蹚过没膝的海水上岸了。当时，大雨倾盆，有人为他打伞，被他拒绝。麦克阿瑟坚毅地说："菲律宾人民，我——美国陆军五星上将道格拉斯·麦克阿瑟回来了……"此时，在这位想要一雪前耻的将领脸上流淌的，已分不清是雨水还是泪水，因为等这一天，他等得太久了！

"二战"终于结束了，在1945年9月2日上午，美军"密苏里"号战列舰上彩旗飘扬，人们满脸欢腾，盟军总司令麦克阿瑟将在此主持日军投降仪式。中、英、苏、法等盟国代表及各国记者均已到场，麦克阿瑟将军在庄严激昂的军乐声中登上军舰，跟在他身后的是温赖特将军和英军司令亚瑟少将。被俘之后的两人一直被囚禁在中国沈阳的日军战俘营，此次是麦克阿瑟将军专门派人把他们接到了“密苏里”号战列舰上。将军激动地对两人说：“当年我留给你们一个烂摊子抽身而退，你们才是真正的英雄！”两人感动得热泪盈眶。

日本代表在麦克阿瑟的命令下，首先在投降书上签字，之后，将军坐下，并同时掏出了5支钢笔。他把首先签下自己名字前四个字母“Doug”的第一支钢笔赠给了温赖特将军；然后把第二支签下“las”的钢笔赠给了身后的亚瑟少将；接着他把签下自己的姓“MacArthur”的第三支钢笔赠给了美国国家档案馆收藏；最后他把两支签下“盟军总司令”官衔的钢笔分别赠给了他的母校西点军校和他深爱的妻子。

男孩要懂的道理

怯懦就像男孩想象出来的专门打击自己的“小恶魔”，每当有好机会降临，只要勇敢面对就会成功的时候，怯懦就会让你放弃。所以，你只有战胜怯懦，才会取得成功的机会。不要怕失败，不要怕嘲笑，更不要怕挫折磨难，勇往直前，成功正在向你招手。

快乐成长金钥匙

如何战胜怯懦

现实生活中，很多男孩都认为自己根本无法战胜怯懦，只能被怯懦“牵着鼻子走”，虽然也很讨厌这样的自己，但却没有勇气去改变。麦克阿瑟将军曾经在西点军校的演讲中说过这样一句话：“不勇敢打败怯懦，就得一辈子躲着它。”没错，如果你不战胜怯懦，就会与成功无缘。

其实，要战胜怯懦并不难。首先，你要培养自信心，不畏挫折，学会自我激励。生活中有很多事情虽然看起来很难，实际上做起来可能比你想象的要容易。当你遇到困难时，你要对自己说：“没什么可怕！”“别人能做到的，我也一定能做到！”这些自我暗示和激励会为你壮胆和打气。

其次，你不要害怕失败。这个世界再成功的人，他也经历过失败，所以失败并不可怕，可怕的是害怕失败或者失败之后不敢重新站起来。

最后，你要有自己的独立意识与人格尊严，而且要学会果断行动。怯懦的人通常行动力差，而且缺乏主见，这样的人很容易盲从和遭人欺侮。所以，只有敢于当机立断，学会独立思考和培养自己的尊严，你的未来才会更加精彩。

谦逊的杰斐逊总统

托马斯·杰斐逊是美国第三任总统，他一直以其谦逊的态度和好学的精神而被美国人所牢记。出生于美国贵族家庭的杰斐逊，有一位作为军队上将的父亲和一位名门之后的母亲。当时杰斐逊所处的那个时代，贵族平时是很少和低下阶层的平民来往的，但是杰斐逊却没有因为自己的身份地位而沾染一些贵族恶习；相反，他非常谦虚，平时总喜欢向平民讨教各种知识，无论是仆人还是农夫、工人、园丁，他都愿意把别人当成自己的老师，而把自己当成一个无知的学生。

正是因为杰斐逊的谦虚和不耻下问，他从别人那里汲取到很多非常有用的知识。这也让他成为一个博学多闻的人，仪表堂堂、风度翩翩的他不但精通农业、医学、数学、建筑和考古，而且还热爱发明，常常会为人们发明一些有利耕种的小器械，而他自行设计的府邸迄今都是建筑经典。除此之外，杰斐逊还拉得一手漂亮的小提琴，而他的谦虚风度更让他在社交界广受欢迎。

有这样两则关于杰斐逊谦逊的故事——

一则：1785年的时候，杰斐逊曾经接替富兰克林担任驻法大使。一天，他去法国外长的公寓拜访。外长问他：“杰斐逊先生，是您代替了富兰克林先生？”杰斐逊却回答说：“不，我只是接替他，没有人能够代替他。”

二则：就任美国总统期间，杰斐逊和一群旅行者要穿过一条汹涌澎湃的河流，而河水已经漫过堤岸了。疲惫不堪的众人只得骑在马上艰难渡河。此时，有一个孤单的旅行者看到了杰斐逊他们，这个旅行者没有马，所以他看着眼前的这群人就像看到了救星。于是，他带着渴望的眼神走近这群人，然后他来到杰斐逊的马前，请求杰斐逊总统带他一起过河。杰斐逊总统毫不迟疑地答应了，于是，这个人就爬上了总统的马背。当众人都安全到达河对岸的时候，有人就问那个旅行者：“你为什么会选择总统来帮你这个忙？”旅行者很诧异和震惊，他说自己刚才根本不知道安全带他过来的这个人就是美国总统。他说：“我只知道，当我想请求你们带我过河的时候，你们当中许多人的脸上写着‘不行’，只有少数几个人的脸上写着‘可以’，这位总统就是脸上写着‘可以’的人。”

曾经有位熟悉杰斐逊的作家这样写道：“杰斐逊看上去不像总统，更像是一位谦虚的哲学家。在他参加宣誓就任总统的典礼时，是独自一人骑马而来的，然后自己把马拴在栏杆上，步行去参加典礼，为人谦虚，行事低调。”杰斐逊正是用自己渊博的知识和谦逊的态度征服了美国民众的心，成为美国历史上著名的总统。

男孩要懂的道理

常言道：“谦虚使人进步，骄傲使人落后。”再有能力的人，他也不能说自己无所不能，所以，谁也不能认为自己已经达到了最高境界而止步不前、趾高气扬。只有学着做一个谦虚、谨慎的男孩，学会放低姿态，这样才不会让无知蒙蔽你的双眼，你才会取得更大的成功。

快乐成长金钥匙

如何做一个谦虚的人

法国启蒙思想家卢梭认为：“伟大的人是绝不会滥用他们的优点的，

他们看出他们超过别人的地方，并且意识到这一点，然而绝不会因此就不谦虚。他们的过人之处越多，他们就越认识到他们的不足。”其实，无论是伟大的人还是平凡的人，一旦你学会谦虚，学会真正意识到自己还有需要改进或者上升的空间，那么通过努力之后，你会发现自己比之前更成功。

要想做一个真正谦虚的人，首先，你要明白，谦虚不是谦让，不是示弱，不是太多礼貌和客气，更不是太多自责和自贬。谦虚是你发自内心地认为自己还有不足的地方，自己还可以做得更好；而当别人给你过高的荣誉和称赞时，你会觉得自己只有更努力才配得上这些荣誉和称赞。

其次，你要学会看淡名利荣誉。一时的成功和名利并不能代表你就是一个真正的成功者。例如，一次考试拿第一，并不能说明你以后每次考试都能拿第一。你要放下名利荣誉的包袱，继续努力，这样你才能获得更多的知识，成为一个能力和智慧兼备的男孩。

总之，越是真诚而谦虚的人，越容易获得他人的好感，得到他人的帮助，同时别人也越能看到他的优点；相反，越是骄傲自满的人，往往越会引起别人的反感，让人只能看到他的缺点。

有耕耘才能有收获

西拉斯·菲尔德是著名企业家和大西洋电缆建设工程的发起人。他在16岁那年离开斯托克布里奇的家到纽约去寻找发展的机会。当初离家的时候，父亲只给了他8美元，而这些钱也是全家人省吃俭用好久节省下来的。

西拉斯·菲尔德到达纽约之后，就去了哥哥大卫·菲尔德的家里，在这位以后会成为纽约法律界要人的哥哥家里，西拉斯·菲尔德并不十分快乐，从他那张郁郁寡欢的脸上就能看出来。不过，这引起了一位客人马克·霍普金斯的注意。霍普金斯对西拉斯说："如果男孩在外面老是想家的话，我什么也不会给他。"

后来，西拉斯成为当时纽约最好的干货店——斯图尔特商店的一名伙计。最初，他在商店里只负责打杂的工作，年薪是50美元，不过，他必须早早起床，在早上6点到7点之间上班。后来，西拉斯成为正式店员后，开始从早上8点干到晚上关门。

很多年后，西拉斯在回忆这段少年往事时，在自己的自传里这样写道："在顾客到达之前我一定要赶到店里，在顾客离开之前我绝不能提前下班。当时，我的想法就是要使自己成为一个最好的推销员。我尽量从各个部门学习一切有价值的东西，我深切地了解到：将来的一切都取决于我今天的努力。"

西拉斯还说，他当时经常去商业图书馆泡一个晚上，每周六晚上还会去参加别人举办的一个辩论会。

斯图尔特商店的员工规定非常严格。其中一条要求店员在早晨上班时、吃完午餐和晚餐时都要准时签到。假如你因为某些原因上班迟到、午餐超过1小时或者晚餐超过45分钟，那么店主就会对你实行罚款惩罚。西拉斯在考勤上做得无可挑剔，他非常勤奋，而且对待工作也很认真，所以他很快就得到了店主的信任，并且在表现良好的情况下，得到快速提升。

男孩要懂的道理

常言道："勤能补拙是良训，一分辛苦一分才。"男孩只要掌握了勤奋这个法宝就不会变得贫穷，因为勤奋不但使人变得坚毅、勇敢，更能让男孩在短暂的青春岁月中因为勤奋而变得用心、有责任感，进而通过不断的努力去取得更大的成功。

快乐成长金钥匙

勤奋比天赋更重要

很多人认为那些能够在某个领域取得伟大成就的人都是因为他们是天才，因为他们本身就比其他人优越。其实，一个人的天赋并不能和这个人所取得的成就直接画等号，因为天赋再高的人如果他不勤奋努力，那么他也终将一事无成。人只有勤奋才能创造更美好的未来。

曾有位名人说过这样一段话："千万不要依靠自己的天赋。如果你有着很高的才华，勤奋会让它绽放无限光彩。如果说你智力与能力一般，勤奋就是对你不足的最好补偿。如果做到了目标明确，方法得当，勤奋会让你成功。如果没有勤奋工作，你终将一无所获。"没错，勤奋比天赋更重要，即使你是个天才，也需要勤奋为你的未来加分。

英国哲学家约翰·密尔也说过："不管是最伟大的道德家，还是最普通的老百姓，都要遵循这一准则，无论世事如何变化，也要坚持这一信念。它就是，依靠勤奋努力而比别人学得多一些，知道得多一些，然后进行各种尝试，为社会、为自己做得多一些。"总之，勤奋刻苦，努力想方设法解决各种问题，比别人多想一步，多做一步，这样往往能让你更容易迈向成功。

幽默感会为魅力加分

身高2.29米的姚明，不仅有傲人的身高，还有一个聪明、智慧而又幽默的头脑。正是凭借这些，姚明才一步步成为举世瞩目的篮球偶像。姚明的幽默不带愚弄，没有对他人的嘲讽和伤害，他的幽默是能够让所有人会心一笑，就像他的身高和球技一样，非常高超。

2003年NBA全明星赛的时候，在所有参赛的球员接受媒体的第一次采访时，姚明无疑是最引人注目的一个。他一走进见面会的大厅，就成了所有媒体追逐的对象，记者们把他团团围住，随之而来的是各种各样的刁钻问题。但姚明凭借他那敏锐的思维和幽默的语言巧妙地应对了过去。

有一个记者问他："泰格·伍兹对高尔夫球的发展做出了巨大的贡献。而篮球在中国比起高尔夫球来说影响要大得多，你认为这其中你的个人影响力有多大？"姚明像个大男孩一样歪着脑袋狡黠地说："我想，那是因为篮球比高尔夫球大一点点吧。"又有记者追问道："曾经有人建议把篮筐的高度提高，因为NBA里有太多的人能够扣篮，你对此怎么看？"此时，只见姚明调皮地把这一矛头转给了布拉德利："我想是的，至少对他来说。"同时风趣地解释说虽然他个子很高，却从来没碰过头。还有记者问："你将来如何对待媒体的围追堵截？"姚明幽默地说："尽可能跑得快一些。"又有记者接着追问："在这里最害怕什么？""希望大家不要将我逼进厕所。"说完，姚明自己也忍不住笑了起来。

2003年5月8日，姚明出席了"姚明中文官方网站"开通仪式，并接受了很多记者的采访。有个记者问他："你个人是怎么防护'非典'保护自己的？"姚明说："开句玩笑，我个子高。整天呼吸的新鲜空气比别人多，所以不大容易得'非典'。"

2003年8月，姚明参加了一个颁奖晚会，在晚会上再一次展示了他的幽默智慧。央视名嘴孙正平采访姚明时问道："你认为在NBA打球和CBA打球最大的区别是什么？""在NBA打球需要翻译，而CBA就不需要。"之后，姚明又获得了"最具影响力球员"的奖项，第二次上台领奖，孙正平此时给他提出的问题是："你所到之处都是球迷追捧，有人说你是'麦当劳大叔'，对此你有什么感想？""我正在考虑开一间快餐店。"这真是一个绝妙的回答。

一个月后，中国男篮举行了抵哈尔滨后的首次媒体见面会。当大个子姚明面带羞涩地走进新闻发布会大厅时，各种媒体顿时提出了各种各样的刁钻问题。有一名记者见姚明长了比较长的胡子，随口问道："姚明，你不刮胡子是为了蓄须明志，还是对哈尔滨的天气不满？”姚明调皮地眨了一下眼睛说：“我没带剃须刀!”这句话惹得现场记者哄堂大笑。后来有一名女记者问姚明：“相比过去，你感觉到球技长进了吗？”姚明说：“我只是感觉老了一岁。”

姚明进入NBA的第一年，在面对记者的再三追问时，他是这样说的：“这就好比学开车，光坐在车上看别人开，你永远也学不会，只有亲自感觉油门，你才能知道哪一脚油给大了，什么时候该踩刹车。”

男孩要懂的道理

西方有句谚语：“没有幽默感的文章是一篇公文，没有幽默感的人是一尊雕像，没有幽默感的家庭是一所旅店，没有幽默感的社会是不可以想象的。”没错，幽默可以帮助男孩化解尴尬，彰显智慧，同时，幽默感也是男孩应对挫折最有力的武器。所以，做一个富有幽默感的男孩，你会发现自己心情更好了，生活也变得越来越丰富多彩了。

快乐成长金钥匙

如何培养幽默感

一个富有幽默感的男孩总是受人欢迎的，因为你的幽默感会为你赢得更多的好感，而且幽默的人大多有智慧、热爱生活、充满自信，这样的男孩在人际交往中无疑会更加游刃有余。

那么，如何培养幽默感呢？下面这些建议或许对你有所启发：一是学会自圆其说，要懂得用幽默给自己和他人找台阶下；二是学会自嘲，自嘲的方式往往更容易让你获得别人的亲近感，还可以让你保持一颗平常心；三是学会繁事简说；四是学会顺语逆说，也就是利用别人的话语，点出对方逻辑上的漏洞，但不需要把问题说破……

总之，幽默感的培养并不是一朝一夕的事情。你必须学会多读书、多观察生活、多联想，然后慢慢地培养自己的幽默感。当有一天你能在生活中把幽默运用自如，你会发现它带给你的不仅仅是快乐，还有友谊、信任、尊重、成功等。

“铁血首相”的成功

出生于普鲁士勃兰登堡阿尔特马克雪恩豪森庄园一个大容克贵族世家的奥托·冯·俾斯麦，自幼受过良好教育，他曾经在哥廷根大学和柏林大学学习法律、历史和外语。俾斯麦体格强壮、个性粗野，是普鲁士宰相兼外交大臣，是德国近代史上杰出的政治家和外交家，更被人们称为“铁血首相”。

无论俾斯麦这个人在世人的眼中是如何的桀骜不驯和刚愎自用，甚至有人会觉得他暴力残忍，但是作为一个有智慧的男人，他头脑清醒、意志坚定，为了实现自己的目标，不惜付出任何的代价，他更有着非凡的冷静、睿智和毅力。在军事史上，他是一位真正的铁血英雄。

俾斯麦35岁时成了普鲁士国会的代议士，这是他政治生涯的一个重要转折点。1851年5月11日，俾斯麦作为一名新代表进入法兰克福联邦议会。当时各邦中奥地利的势力最强大，而普鲁士的势力相对较弱。联邦会议召开的过程中，在联邦议会中，俾斯麦对奥地利藐视一切的做法非常不满，他打算找机会对奥地利人提出挑战。

当时，联邦议会有一个不成文的规矩，那就是只有担任主席的奥地利人才有资格吸烟。看不惯这种做法的俾斯麦在一次会议中，看到奥地利的那位主席抽出一支雪茄烟，他也立即拿出一支烟，还旁若无人地朝那位主席借火点烟，之后，更大模大样地抽了起来，以此表明普鲁士与奥地利是平起平坐的。就是这一举动，令主席和其他各邦代表对俾斯麦刮目相看。

俾斯麦最大的梦想就是击败奥地利，统一德国。他从来也不掩饰自己好战与争夺的野心，但是令人惊异的是，就是这样的一个人居然在国会上屡次主张和平。其实，俾斯麦并不是真正的好战分子，他是这样说的："没有对于战争后果清醒的认识，却执意发动战争，这样的政客，请自己去赴死吧！战争结束后，你们是否有勇气承担农民面对农田化为灰烬的痛苦？是否有勇气承受身体残疾、妻离子散的悲伤？"有一次在国会上，他竟然为对手奥地利的行动辩护，这可与他一向的立场背道而驰。所以，当时很多人弄不清俾斯麦的真实意图。

不过，当上首相之后的俾斯麦立即对德国公众说："对于一个外交家来说，最大的危险就是抱有幻想。"所以，他立即想方设法对奥地利宣战。

格腊蒙是法国的一位外交家，他曾对俾斯麦进行过长久细致的观察，并据此深刻揭示了俾斯麦善变而灵活的秉性："他的眼睛从来不显出笑意，他说话时，好像总咬着牙关。他的言行举止表现出他对秘密故意采取一种满不在乎的态度，似乎他不愿意影响事物的自然发展。尽管如此，却使人感到，他随时都准备斗争。" 这就是这位"铁血首相"对待目标的状态：看似无意，实则紧抓不放。

1862年9月，普鲁士国王威廉一世任命俾斯麦为普鲁士首相兼外交大臣。国王的"厚爱"对于俾斯麦来说是千载难逢的好机会，他终于可以一步步实现自己统一德国的大业了。

在统一德国的过程中，俾斯麦用尽各种手段。后来，俾斯麦同意大利结成同盟，准备向奥地利开战。但是，德国民众都指责他如果推行武力政策失败，他将成为德国历史的罪人。但是，俾斯麦在御前会议上坚定地说："我知道，我被世人咒骂。正像人们常说的：'命运无常，我拿项上人头作赌注，哪怕我上断头台，也要赌到底。普鲁士和德意志都不能保持原状，两者都必须走（武力）这条路，别无他途！"

此时，群众的反战情绪终于达到极致，很多人都对俾斯麦不满，甚至开始仇视他。5月的一天，俾斯麦在回家途中遭到枪击，朝他射击的是一个年轻人，反应灵敏的俾斯麦和那个带枪的年轻人扭打起来。在两人争斗的过程中，俾斯麦的肋部中枪。幸好，一个过路人和两个士兵赶来抓住了这个年轻人，俾斯麦才得以脱险。

肋部隐隐作痛的俾斯麦没有惊慌地去医院，而是坚持走回官邸。此时，家中妻子约翰娜正陪客人用餐。回到家的俾斯麦没有打扰他们，一个人走进书房，坐下给威廉一世写了一个简短的报告，之后走进餐厅，亲吻了妻子的前额，然后平静地说道："亲爱的，你不要害怕，有人开枪打了我，谢谢上帝，我没事！" 俾斯麦就是凭着这种坚强的意志，才最终统一了德国。

男孩要懂的道理

"在坚强的意志面前，一切都会臣服。"这是印度诗人泰戈尔说过的一句名言。男孩完全可以凭借自己坚强的意志开拓属于自己的一片天地。黑暗也许会暂时笼罩着你，但凭借坚强的意志，你会找到那盏指路的明灯，并最终迎来胜利的曙光。

快乐成长金钥匙

怎样提高意志力

《几英亩的钻石》的作者罗素·康维尔博士说过这样一段话："古往今来，对于成功秘诀的谈论实在太多了。但其实，成功并没有什么秘诀。成功的声音一直在芸芸众生的耳边萦绕，只是没有人理会它罢了。而它反复述说的就是一个词——意志力。任何一个人，只要听见了它的声音并且用心去体会，就会获得足够的能量去攀越生命的巅峰。这几年来，我一直在努力致力于一项事业——试图在美国人的思想中植入这样一种观念：只要给予意志力以支配生命的自由，那么我们就会勇往直前。"由此可见，意志力对人的一生有着重大影响。

如果你想要实现自己的梦想，想要有强大的力量来对抗生活中的磨难，那么你就要具有足够的热忱、坚强的意志和勇往直前的精神。那么，怎样提高人的意志力呢？

首先，长跑是最好的方法之一。因为长跑不但可以强身健体，而且可以锻炼一个人的耐力和意志力。

其次，你要学会从小事做起，锻炼自己的意志力。很多时候，那些能把烦琐小事做好的人，往往具有很强的意志力。

另外，在培养意志力时，你要学会由易到难，这样一方面可以增强你做事的自信心，另一方面也可以提高你的意志力。

用乐观打开希望的大门

身患绝症的瓦尔特只剩下最后3个月的时间了。于是，他邀请牧师来家里，商量如何实现自己最后的愿望。

瓦尔特告诉牧师，在葬礼仪式上要唱哪些歌，读哪些经文，他想穿什么样的衣服，而且，还要和他最喜爱的《圣经》葬在一起。一切都安排得井井有条。

当牧师起身告辞时，瓦尔特突然想起了什么，说：“等一下，还有一件事情！”

“什么事？”牧师问道。

“这件事十分重要，”瓦尔特郑重地说道，“在入葬的时候，我想右手里能有一把叉子。”

牧师听完，愣在那里，不知该说些什么。

“怎么，让您吃惊了吗？”瓦尔特问道。

“说实话，我的确对这个要求很不理解。”牧师说。

瓦尔特解释道：“在我的一生中，每次参加宴会，当盛主菜的盘子被收下去以后，总会有人弯下身子说：‘拿着你们的叉子！’我最喜欢这个时刻了，因为我知道，有更好的东西要来了，比如，香醇的巧克力蛋糕或者苹果派……”

瓦尔特顿了顿又说：“所以，我想让别人都看到，我的手里拿着一把叉子。我希望他们会问：‘为什么要拿叉子？’这时候，请您告诉他们：‘拿着你的叉子……最好的马上就要来了！’”

牧师在和瓦尔特道别的时候，拥抱着他，眼里涌出了幸福的泪水。他知道，这个将死的男人比自己更理解天堂是什么，因为他确信有更好的东西会来。

在葬礼上，人们看见瓦尔特穿着漂亮的衣服，和他至爱的《圣经》在一起，右手还拿着一把叉子。

“为什么要拿叉子呢？”参加葬礼的人们一遍又一遍地问，而牧师一遍又一遍地微笑着。

在致辞的时候，牧师告诉了人们，瓦尔特临终前和自己的那次谈话以及那把叉子的意义。

牧师说：“我总是会情不自禁地想到那把叉子，我想从今天起，你们可能也会如此……”

男孩要懂的道理

有位名人说过：“如果人是乐观的，一切都能抵抗，一切都会增强抵抗力。”是的，只要你具有乐观的心态，即使面对再大的难题，你也具有足够的自信和勇气去解决它。乐观会教会你不要在困难面前低头，一切都可以笑着解决。

快乐成长金钥匙

怎样才能做到乐观

科学巨匠爱因斯坦说过：“真正的笑，就是对生活乐观，对工作快乐，对事业兴奋。”其实，这句话你可以反过来这样理解：如果你对生活、工作、事业或者学习都具有乐观的心态，那么你一定会得到真正的快乐。乐观的男孩脸上总是洋溢着笑容，因为他知道坏的背面就是好的，雨

后肯定会天晴。那么，怎样才能让自己成为一个乐观的男孩呢？

首先，你要学会用正面的、积极的语言暗示自己。当你情绪低落或者失败的时候，要学会用正面的、积极的语言暗示自己，例如，“这没什么，我还有机会！”“人定胜天！我能掌握自己的命运！”等。你还可以把这些激励的话写成小纸条，贴在自己可以随时看到的地方激励自己。

其次，你可以采用乐观强制法。人不可能每时每刻都乐观积极，有很多时候你可能笑不出来。这时，你可以对着镜子微笑三次，吹吹口哨哼哼歌，相信这些“假装”的快乐能让你真的快乐起来。

总之，快乐来源于你的内心，掌握乐观的秘诀，就是一切朝好的方面去想，积极努力地去改变不好的现状。

别让抱怨成为一种习惯

雷蒙德第一次带女友杰西卡回家，雷蒙德的母亲高兴地握住杰西卡的手问东问西。

杰西卡走后，雷蒙德问母亲：“妈妈，我刚才看到您和杰西卡聊得很开心，你们在聊些什么？”母亲说：“我们没说什么，我只是简单问了她几个问题。”雷蒙德担心母亲不喜欢女友，所以马上说：“妈妈，杰西卡是一个很可爱的女孩，您不用打破砂锅问到底。”没想到，母亲轻轻叹了一口气，说：“雷蒙德，她虽然是一个善良、美丽的女孩，但是你如果和她结婚，恐怕不会开心，说不定还要离婚的。”雷蒙德听后大笑起来：“哦，妈妈，难道您还会看相啊？”

母亲摇摇头，说：“孩子，我并不会看相，只是随便和她聊聊。我问她工作怎么样，她就对我说公司很不好，不但收入低、工作杂，还遇到一个没本事的上司，同事间还钩心斗角，她说自己巴不得马上就跳槽；我又问她在哪所学校毕业，上学时学习的专业是什么，她就对我说，她后悔走进大学校园，因为那里根本学不到任何东西，而且因为父母错报了学校，她进了所很烂的大学，学的也是没有前途的专业，害她现在很难找到一份好工作；我又问她家中父母的身体如何、工作怎么样，她说她父母身体还算硬朗，但是她的父亲失业了，每天就知道酗酒，她的母亲是一名护士，虽然收入不错，但是喜欢唠叨，弄得她现在都不愿回家；她还对我抱怨每天上班挤公交车是如何的辛苦，开车的司机是如何的讨厌，甚至诅咒这个城市太喧嚣……”雷蒙德点点头说：“杰西卡并没有说错啊！事实上就是如此，她在现在的公司工作并不开心，与那些同事也相处得不愉快，我也劝她离开那里换家公司；她父亲是个酒鬼，母亲有点儿话多，这些我都知道。妈妈，她无法改变自己的家庭情况和父母，而且我也不介意，因为这些和她都没关系，我爱她，我是和她结婚，不是和她的公司、家人结婚。”

母亲忧心地看着儿子说道：“儿子，杰西卡或许是个好女孩，但她总是爱抱怨，现在她抱怨的是工作、同事、上司、学校、专业、父母、公交车，以后她抱怨的就是丈夫、孩子……”雷蒙德愣住了，他突然觉得母亲的话有道理。仔细回想一下，自从认识杰西卡以后，他确实没有听过她赞美过什么，相反，他总是会听到她各种各样的不满和抱怨。

果然，杰西卡对雷蒙德的不满越来越多，渐渐地，她的抱怨对象主要是雷蒙德了。几个月后，他们彼此的矛盾渐渐深化，最终以分手收场。雷蒙德后来又恋爱了，并且很快结了婚。他从别人嘴里得知杰西卡后来也恋爱了，但又分手了，第七次恋爱时终于成功。他暗暗祝福杰西卡找到了幸福。雷蒙德的儿子快满周岁的一个周末，他带着儿子去公园散步，意外地遇上了杰西卡。憔悴不堪的杰西卡正一个人坐在石凳上发呆，原来她离婚了。

男孩要懂的道理

人生宝贵的时间如果都浪费在抱怨上，那么这将是一件很悲哀的事情。无论碰到多么糟糕的环境或者状况，你都应该以积极向上的态度和乐观的心态去面对，尽自己最大的努力去做好每一件事情。这样你就不会成为命运的奴隶，而是命运的主人。

快乐成长金钥匙

如何做到不抱怨

生活中，时常听到有男孩这样抱怨："为什么我没有别人英俊？""为什么我家这么穷？""为什么老师不喜欢我？"……为什么总是在抱怨呢？生活本来就不是一帆风顺和十全十美的，"人有悲欢离合，月有阴晴圆缺"。这些都是再自然不过的事情了，根本不值得抱怨。那么，如何才能真正做到不抱怨呢？

首先，你要多改变自己，少抱怨环境。例如，抱怨别人太自私，可能是你自己不慷慨；抱怨老师对你不好，可能是你学习上表现差……总之在你想要抱怨的时候，先想一想问题是不是出在自己身上，而且很多时候我们并不能去要求环境或者其他人来适应自己，只能让我们自己先适应环境或者他人。当你的心态发生了变化，可能会发现生活中更多的美好。

其次，不要整日抱怨、发牢骚或者冷语伤人。一个整日抱怨、发牢骚的男孩是会令人生厌的，因为你抱怨得越多、发的牢骚越多，在别人眼里往往越证明你自己没有能力，别人自然也不会跟你合作。而经常冷语伤人的人，还会伤害自己和他人的感情，给自己的人际交往设置许多障碍。由此可见，抱怨会让男孩显得没能力、啰唆、爱找借口等，这样的男孩自然不会给他人留下好印象，而且一个经常抱怨的人又怎么会花时间去改变自己的现状呢？所以，要想让自己更优秀，就要停止抱怨，踏实地努力奋斗。

没鞋比没脚幸运得多

爱波特曾经是一个对一切都不满足的人，所以整天都不快乐。但是在1934年春天，当他在威培城道菲街散步的时候，目睹了一件事，使他的一切烦恼从此消失了。此事发生在10秒钟内，爱波特觉得自己在这10秒钟里所学到的东西，比从前10年还要多。

爱波特在威培城开了一间杂货店，经营两年，不但把所有的积蓄都赔掉了，而且还负债累累。就在上星期六，他的这间杂货店终于关门了。这天，他正准备去银行贷款，然后回老家找工作。爱波特走路的样子看起来像是一个毫无生气的人，因为他已经失去了信念和斗志。

突然，爱波特看见一个没有脚的人迎面而来，那个无脚的人正坐在一个有轮子的木板上。他每一只手撑着一根木棒，沿街推进。爱波特恰好在他过街之后碰见他，此时这个人正朝人行道滑去，他和爱波特的视线刚好相遇了。他微笑着，向爱波特打了个招呼："早，先生！天气很好，不是吗？"这个人的声音是那样富有感染力、那样有精神，好像根本就不是一个身体有缺陷的人。

当爱波特站着看他的时候，他感觉到自己很富有——他有两只脚，他可以走。可是面对那个人自信的目光，爱波特觉得自己才是一个残障者！爱波特对自己说："既然别人没有脚也能快乐，我当然也可以，因为我有脚！"

顿时，爱波特感到豁然开朗。他本来只想向银行借100元钱，但是，他现在有勇气借200元钱了；他本来想到老家求人帮忙随便找一份工作，但是，现在他自信地宣布，他要到堪萨斯城找一份好工作。最后，爱波特钱也借到了，工作也找到了。

爱波特把这次经历中的感想组织成几句话写了下来，贴在自己浴室的镜子上，每天早晨刮胡子的时候，他都要大声地朗读一遍：“我忧郁，因为我没有鞋，直到在街上遇见一个人——他没有脚！”

男孩要懂的道理

美国总统尼克松说过：“命运给予我们的不是失望之酒，而是机会之杯。”可见，只要你自己不放弃希望，积极主动地去改变现状，那么你便会有成功的机会。要知道，消极被动只会让你沉溺于困境之中。你应该努力做一个坚强乐观的人，唯有坚强乐观的人才能在严峻的环境下从容前行。

快乐成长金钥匙

积极主动地面对生活的挑战

印度著名诗人泰戈尔说过：“如果你因错过太阳而哭泣，那么你也要错过群星了。”人生难免遇到低谷，那些消极的情绪只会成为你的绊脚石，只有积极主动地面对生活的挑战，你才会更快地从痛苦中走出来。

当然，做一个积极主动的男孩，远没有我们想象的那么容易，因为人很容易产生惰性，也很容易在受到打击后变得退缩、抱怨和不自信，甚至开始不断给自己找借口放弃。要想改变这种消极的心态，你必须有主动追求的精神，永远不要说“我做不到”之类的话，而是先从自己身上找原因，让自己变得更加勤奋、刻苦、豁达、自信、勇敢、坚强，永远不要让消极的态度影响你，而是要用积极的态度去面对生活。很多时候改变你自己的不是别人，而是你自己。所以，无论处在何时何地，都要让自己积极主动，既然既成的事实无法改变，我们就改变自己的心态，以新的眼光重新看世界，你会发现更多的美好与机会。

第五章

责任心成就男孩一生

责任心对于男孩来说，是一种舍己为人的态度，是一种发愤图强的干劲，是一种永不消失的精神。有责任心的男孩，勇于奉献，敢于担责，有担当，坦坦荡荡做人，而这样的男孩必定会获得更多的信任、赞赏、尊重、成功……

70加元一口井

1998年的一天，一个名叫瑞恩·希里杰克的6岁加拿大男孩迫不及待地冲进家，对正在忙碌的母亲伸出手说："妈妈，给我70加元。我要给非洲的孩子挖一口井，好让他们有干净的水喝。"

母亲看着一脸兴奋和期盼的儿子，不知道发生了什么事情。原来，这天瑞恩的老师在给他们上课的时候，讲了这样一段话："在遥远的非洲平原上，有很多像你们一样天真可爱的孩子因为条件很差，只能住在草棚里，他们没有足够的食物和饮用水，而且极度缺乏治疗疾病的药物，很多儿童在饥饿、疾病中等待死亡。如果能捐出70加元，就能帮他们挖一口井，解决饮水问题。"

小瑞恩听完老师的话，一直在心里想："那些非洲的孩子不应该过那样的生活！我一定要为他们挖一口井。"从这一刻开始，"70加元一口井"就一直深深地印刻在小瑞恩的脑海里，而且他下定决心一定要去帮助非洲那些喝水困难的孩子。

虽然了解了儿子的请求原因，但母亲还是有些为难地说："瑞恩，70加元并不是一个小数目。如果你真想帮助那些非洲的孩子，那么这些钱你得靠自己的能力去赚。"瑞恩爽快地答应了。

于是，母亲在冰箱上放了一个旧饼干盒，并为瑞恩画了一个积分表，上面有35个格。饼干盒里每增加两加元，瑞恩就可以涂掉一格。母亲说："瑞恩，记住，你只能靠做额外的家务活儿来赚这些钱，你愿意吗？"瑞恩毫不迟疑地点了点头。

接下来的一段时间内，瑞恩开始为他的"70加元"奋斗了。首先，他做的第一项工作是为地毯吸尘。这项工作他干了两个多小时，为此，他拒绝了和哥哥、弟弟一起出去玩儿。母亲"验收"后，往饼干盒里放了两加元。后来，全家一起去看电影的时候，瑞恩选择留在家里擦两小时窗子，又赚了两加元。不光是母亲给他“工作”，知道瑞恩这个梦想的人们也都愿意给他“工作”，例如，爷爷雇他去捡松果，邻居们在暴风雪过后请他去帮忙捡落下的树枝，父亲在他取得优异成绩时给他奖励……瑞恩把所有劳动得来的酬金都放进了那个饼干盒里。

终于，旧饼干盒上的那35个格子被全部涂掉了。初夏的一个清晨，瑞恩抱着装有零钱的沉甸甸的饼干盒，把辛辛苦苦赚来的70加元交给募捐项目的负责人。

项目负责人亲切地接待了小瑞恩，她非常感谢瑞恩的捐赠，并且向瑞恩介绍了在非洲进行的“洁净的水”募捐项目。但最后，她也如实地告诉心地善良的瑞恩，70加元其实只能买一个水泵，要想在非洲当地挖一口井得要700加元。小瑞恩的脑瓜里还不清楚700加元是如何庞大的一个数目，他只是很兴奋地对那位负责人说：“那我再多干些活儿来赚更多的钱吧！”

但是，让一个6岁的孩子通过干活儿来攒够700加元，这真的是太难了。尽管如此，瑞恩并没有放弃。母亲的一位好友被瑞恩的这种坚持不懈和善意感动了，她决定帮帮这个富有同情心的孩子，于是她把瑞恩的事写成文章，刊登在了当地的报纸上。很快，许多人都知道了瑞恩的故事。

几天后，瑞恩收到了一张25加元的支票。没过多久，又有一张支票寄到了。接着，是越来越多的捐款，人们从四面八方把自己的善意汇聚在瑞恩这里。在仅仅两个月的时间里，瑞恩竟然筹集了7000加元。

后来，加拿大援助会驻乌干达办事处的工程师专程来到加拿大，他是来和小瑞恩一起讨论有关非洲打井的事的。那位工程师对瑞恩说：“人工凿井是一项艰巨而长久的工作，大概要20个工人干10天才能完成。假如我们有一台钻井机，那么凿井的速度就快多了。”

此时，一直静静坐在那里的瑞恩突然说：“那我来攒钱买钻井机吧。”瑞恩的声音很小，但透露出无比的坚定，“我想让非洲的每一个人都能喝上干净的水。”

瑞恩的老师根本想不到，一个6岁的孩子竟然有这么大决心。于是，她号召班上的同学加入非洲捐钱打井的行列，还通过当地政府的有关部门，使瑞恩和同学们跟非洲的孩子们通上信。

2000年7月，就在瑞恩的第一口井打好不久，他和父母坐着卡车，一路颠簸来到了乌干达的安格鲁。

当时，卡车缓缓开进村庄，5000多个孩子聚在路边，他们热烈地鼓着掌，有节奏地高喊着："瑞恩！瑞恩！"小瑞恩很羞涩地走下车来，有点儿不好意思地和大家打着招呼。他被这些孩子簇拥着，来到了一口井前。那口井被鲜花包围起来，水泥基座上刻着："瑞恩的井——为了这个痛苦的社会。"

村里一位老人站起来，激动地高声说道："看看我们周围的孩子，他们全都是健康的。这要归功于瑞恩和我们的加拿大朋友。对于我们来说，水就是生命。"老人的话，让瑞恩和父母都流下了激动、幸福的眼泪。没错，一个最初的小举动竟然有如此大的力量，在此时有谁不流泪呢？

2001年3月正式成立了一个名叫"瑞恩的井"国际资助基金会。到2002年为止，"瑞恩的井"基金会已经为非洲的8个国家打了30口水井。而瑞恩·希里杰克更被人称为"加拿大的灵魂"，被评选为"北美洲十大少年英雄"。到2003年年初，"瑞恩的井"基金会有7万多加元，已经在非洲挖了70多口水井。

2003年3月15日，瑞恩参加了在日本举办的"第三届世界水资源论坛"，并且在中央电视台《实话实说》栏目中与中国广大观众见面。在这次节目即将结束时，瑞恩坚定地说："我要为取得干净的水源而努力工作，直到我爸爸那个年纪。"

男孩要懂的道理

美国品德教育联合会主席麦克唐纳说过："能力不足，责任可补；责任不够，能力无法补；能力有限，责任无限。"没错，也许你和瑞恩一样，凭借自己的能力与现实状况能为别人做得很少，但只要你具有一种责任感，那么你所能做的事情将是无限的。事实上，关心别人、热爱每一个珍贵的生命，是每个人都应该负起的责任。

快乐成长金钥匙

有一种爱叫作责任

苏联作家高尔基在其著作《人》中这样写道："我们的使命是照亮整个世界，熔化世上的黑暗，找到自己和世界之间的和谐，建立自己内心的和谐。"而德国著名剧作家歌德也说过："责任就是对自己要求去做的事情有一种爱。"由此可见，心灵与世界、爱与责任都存在一种紧密的联系。事实上，我们对世界的责任就是一种爱的体现。

有人说，瑞恩捐井是一种爱，但同时也体现出他的一种责任感，最后这种责任感又变成了使命感，而他的使命感又迸发出他对非洲人民更多的爱；还有人说，边防战士驻守边疆是一种责任，但同时也体现出他们深深的爱国之情，最后这种对祖国和人民的爱又转化成一种责任。当然，也许你只是一个普通的男孩，你对这个世界和你周围的人所能奉献的东西很少，但这并不妨碍你做一个有责任感的男孩，因为爱的形式多种多样，能够体现你责任心的地方也很多。例如，你努力做一个好儿子、好学生、好伙伴，那么这也是你认真负责的表现，也是你对别人表达爱的一种方式。

我的背上背负着一个生命

巴伦和亨利是两名登山爱好者，但是有一次遇到事故，他们不得不徒步翻越一座雪山。出发不久，他们就遭遇了可怕的暴风雪，由于很多抵抗风雪的装备已经丢失，他们不得不凭借仅有的一点儿力量前进。行进过程中漫天的雪花迷失了他们的双眼，寒风刺骨，更可怕的是，黑夜马上就要降临了，这对他们来说才是最艰难的旅程。

巴伦告诉亨利："亨利，如果我们在天黑之前不能赶到修道院，那么我们一定会被冻死在山路上。"亨利说："没错，巴伦，我们必须赶快走了。"于是，两人鼓足勇气艰难地走过一段悬崖。

突然，一个微弱的呼救声从崖下传来，那声音在寂静的山谷里显得非常清晰。巴伦赶紧对亨利说："伙计，我们千万不能耽搁，否则我们都将被冻死在风雪中，愿上帝保佑那个可怜的人吧！"

但是亨利说："巴伦，我不能丢下这个可怜的人。既然上帝让我听到他的呼救声，那么就是让我来解救他的。"

巴伦有些生气地说："这个闲事你要管就去管吧，这可不是我的责任，我没必要为此牺牲自己的性命。"说完，巴伦继续在齐膝深的雪地里艰难前行。

亨利看着巴伦的背影，只是叹了口气，然后从悬崖上爬了下去。他看到一个摔断腿的男子正奄奄一息地躺在雪地里，那个伤者根本无法走路。亨利把身上仅有的一条毛毯撕成布条，拧成绳子，然后把伤者绑在了自己的背上，继续赶路。路比刚才变得更加难走了，亨利一步步艰难地爬到崖上，顺着巴伦留下的足迹继续赶路。

没过多久，天就完全黑了下来，风雪肆虐得也越来越厉害。亨利手脚并用，在深深的积雪里爬行。亨利感觉很累，他想停下来休息休息。但他也明白，一旦选择停下，被汗水浸湿的身体很快就会冻僵。亨利心想："现在不是我一个人，我的背上还背负着另外一个生命。"终于，在黑暗之中，亨利远远地看见了一片灯光。他知道，修道院已经很近了。

就在这时，亨利被什么东西绊倒了。他扒开积雪，发现绊倒他的正是已被冻死的巴伦。

后来，有人问亨利："生命中，最大的危险是什么？"亨利毫不犹豫地回答道："生命中最大的危险就是没有负担。"

男孩要懂的道理

英国著名小说家毛姆说过："要使一个人显示他的本质，叫他承担一种责任是最有效的办法。"没错，勇于承担责任的男孩必定是一个敢作敢为、有气魄的男子汉，这样的男孩能够获得他人更多的尊重和喜爱。而那些嫌弃责任或者逃避责任的男孩，必定会显得自私、狭隘，没人会愿意和这些不敢承担责任的男孩交朋友。所以，要想成为真正的男子汉，就要学会勇于承担责任。

快乐成长金钥匙

做一个勇于承担责任的男孩

"存在的道理就是负责任，是一种对自己和对他人的责任，只有负责任才能得到别人的尊重与关怀。"这是著名的哲学家、诗人马尔克斯说过的一句话。没错，作为一个有思想、有生命的人，你首先要有责任感，当你学会勇于承担责任的时候，别人自然也会对你负起责任。

不过，现实生活中，我们常会听到有些男孩这样逃避责任："这不关我的事！""是别人让我这样做的。""这是以前留下的问题，不是我的问题。""这一切和我都没有关系，是其他人的责任。"也许有些事情对你来说的确难以处理，所以你才会去推卸责任，但当你推卸责任的同时，你可能已经失去了很多宝贵的机会，从而对你取得成功产生不利影响。

其实，生活有时很奇妙，当你勇于承担责任的时候，生活给你的回报常常会让你喜出望外。所以，无论你做什么，一定要勇于承担责任，只有这样，你所做的才有价值、有回报，也才会得到别人的尊重。

总统的13个电话

阿尔瓦罗·乌里韦·贝莱斯是哥伦比亚第39任总统，2006年他连任总统。2009年8月的一天，乌里韦正在阿根廷参加南美洲国家联盟特别首脑会议，但此时他出现了流感症状。随后，乌里韦立即回到首都波哥大接受了全面检查。最后检测结果显示，乌里韦总统感染了甲型H1N1流感病毒。这种流感病毒传染性强、危害大，甚至会对人的生命造成危害，于是，乌里韦总统被安排隔离进行常规治疗。

不过，住进病房之后的乌里韦总统并没有安卧病床，他还有事情需要处理。于是，他拿起电话，开始拨号。

乌里韦第一个电话打给自己的总统办公室秘书，吩咐秘书务必前往花店为自己的爱妻订一束鲜花，于当天晚上6点送到家中妻子的手上。乌里韦的妻子是一位艺术学院的教授，两人34年的婚姻和谐美满，育有两子。原来，参加此次首脑会议前，乌里韦答应妻子返回的当晚共进烛光晚餐。但是现在恐怕出了点儿问题，乌里韦觉得应该向妻子表达自己的歉意，他选择了赠送鲜花请求谅解的方式。

第二个电话他直接打给了妻子。简单解释自己不能赴约的原因之后，让妻子不要担心他的身体状况。之后，他还拜托妻子一件事，让妻子这两天设法制造家里停电的假象。因为他不想让自己年迈的老母亲通过电视新闻知道自己患病的消息。

接下来，乌里韦总统先后拨出了11个国际长途，与11个国家的元首一一通话。因为在参加首脑会议的过程中，自己曾经先后与阿根廷等11国首脑有过接触。在通话时，乌里韦向他们详细解释了自己的病情，并建议他们立即进行身体检查，同时为自己无意中带给他们患病的可能性表达了歉意。等13个电话全部打完，乌里韦总统这才安心地躺在了病床上接受医生的治疗。

男孩要懂的道理

法国作家维克多·雨果在其著作《笑面人》中这样写道："我们的地位向上升，我们的责任心就逐步加重。升得越高，责任越重。权力的扩大使责任加重。"无论你身处什么位置，都应该学会主动担当，这才是男子汉应该做的。

快乐成长金钥匙

如何做一个有担当的人

所谓担当，就是接受并负起责任。一个有担当的男孩，应该具有"一人做事一人当"的气魄，具有"天下兴亡，匹夫有责"的情怀，具有"穷且益坚，不坠青云之志"的坚定信念，还应该具有"维护世界和平，促进共同发展"的广阔眼界。那么，如何才能做这样一个有担当的男孩呢？

首先，如果你做错事，就要主动承认错误并改正，并且勇于承担自己的责任。要做一个真正有担当的男子汉，你就要学会坦然面对自己的错误。

其次，你要学会勇敢地面对一切事情，在考虑自己的同时，也要多为别人着想。

最后，你要努力去做自己该做的事情。很多男孩因为某些原因总是在学习的时候三心二意，不是想着赚钱、工作，就是想着玩儿。一个真正有担当的人不是一个空想家，而是一个敢于面对现实的实干家，并且知道自己什么阶段该干什么、该想什么。

压抑良心的声音很危险

菲德勒尔是美国俄亥俄州一位长相帅气、非常有知名度的演员。有一次，一家俄州的制药公司请求他为自己公司新研发的药物做代言人。该公司新研发的是一种治疗十二指肠球部溃疡的药物，而且经过一段时间的临床试验，药效很不错，已经经过州食药局审核批准，可以推向市场。

为了宣传这个新药，制药公司就派人通过菲德勒尔的经纪人，请菲德勒尔这位偶像派演员作为该药品的代言人。公司决定为菲德勒尔代言制作一则75秒的电视广告，并且将来广告完成后会在州电视三台这一覆盖面最广的媒介来播出，同时公司更希望通过菲德勒尔的帅气形象和极具磁性的声音尽快提高该药品的知名度。为此，制药公司同意支付菲德勒尔150万美元的代言费。

150万美元的代言费对于菲德勒尔来说，相当于拍摄3个月的影视剧的报酬，虽然菲德勒尔身体很棒，根本没有患十二指肠球部溃疡，但他仍然非常爽快地签下了这个广告代言。

广告拍摄很快就完成了，而且以更快的速度在州电视三台黄金时段播出。只见电视画面上，菲德勒尔手持一盒制药公司新研发的药物，先是痛苦地皱着眉心说："自从我3年前患上十二指肠球部溃疡，服用了很多相关药物，不见效果。"说到这儿，菲德勒尔马上转忧为喜地说，"但自从我服用了这一药品后，十二指肠球部溃疡渐渐治愈了。"此时电视上又响起画外音："请相信菲德勒尔先生，菲德勒尔先生的推荐是没有错的。"

广告的效果反响非常好，再加上是颇有人气的大明星菲德勒尔亲自推荐的，所以数以万计的十二指肠球部溃疡患者纷纷到附近的医药连锁店购买这种新药，使得该制药公司销售部要求批购进货的电话响个不停。

但是，事情的发展并没有像这样乐观而顺利地进行下去，麻烦很快就找上了门。菲德勒尔曾经的女友，一位和他同居了5年多的女人打电话给州食药局，气愤地称菲德勒尔在电视上撒谎，因为他从未患过十二指肠球部溃疡。随即，州食药局立即联合警察署一同展开调查，他们首先从菲德勒尔的病历档案着手，又询问了几十位与菲德勒尔熟悉并有过密切交往的人，这些人都证明菲德勒尔根本没有患过十二指肠球部溃疡。

于是，警察署和州食药局只好把菲德勒尔和这家制药公司的销售部负责人叫到一起说清楚。面对调查人员锐利的目光，菲德勒尔不得不承认“自己犯了一个难以饶恕的不诚信错误”。菲德勒尔随后在电视上公开向观众致歉，请求谅解。幸好，这家制药公司的新药治疗十二指肠球部溃疡的确有效，患者没有向菲德勒尔兴师问罪。

不过，菲德勒尔还是将150万美元的电视广告代言费上交，另外被罚款5万美元，并严禁他在3年内参与拍摄任何媒介广告，从此，菲德勒尔的人生中留下了不光彩的一页。与此同时，该制药公司也被罚款180万美元，药品电视广告也被封杀，理由是“让不是感同身受的人代言，会误导消费者”。

男孩要懂的道理

苏联著名的教育家苏霍姆林斯基说过：“压抑自己良心的声音，这是很危险的事情。如果你养成一种对某件事情毫不在乎的习惯，那你很快就会对任何事情也都满不在乎。”没错，违背良心去做某些事情，如果不及时施行补救措施，那么久而久之你的良知就会泯灭，就会不在乎一切善的东西，进而做出伤害别人的事情。因此，做人必须有良心。

快乐成长金钥匙

坦荡做人，良心无悔

什么是良心？法国著名思想家卢梭是这样回答的：“在我们的灵魂深处生来就有一种正义和道德的原则，尽管我们有自己的准则，但我们在判断我们和他人的行为是好还是坏的时候，都要以这个原则为依据。我把这个原则称之为良心。”

有人说，良心就像你挂在自己心中的一串铃铛。当你第一次做坏事的时候，你的良心备受煎熬，铃铛也特别响，它在不停地告诉你：“这样是不对的！”“你不应该做坏事！”但如果你假装听不见，继续做坏事，而且做得不亦乐乎，那么良心的铃声会越来越小，直到你听不到，那往往代表你的“良心”已经死了。

所以，当你无意中做错事或者做了一件坏事、被你的良心拷问的时候，一定要及时停止、改正错误。因为只有坦荡做人，问心无愧，你才对得起自己，也对得起别人。

做好本职工作是负责的表现

刚刚大学毕业的麦尔斯，去德国东部一家报社做实习记者。因为是新手，麦尔斯只负责结婚启事和讣闻栏目。一直对工作充满抱负的麦尔斯，每天都过着平淡如水的日子，他十分羡慕那些冲锋陷阵的“无冕之王”，尤其是每月获得“最佳记者”称号的同事，他们的经历充满了刺激和惊险，与麦尔斯的工作大相径庭。

一个秋日的下午，麦尔斯负责的讣告专线的电话铃响了起来：“你好，我……要发讣告。”对方有些结巴地说着。

拿出记录本和笔，麦尔斯机械地问：“逝者姓名？”做了几个月的讣闻，麦尔斯对此已经驾轻就熟。

“本·莱克。”

麦尔斯有种异样的感觉，打来电话的这个人和其他发讣告的人不同，他的态度没有悲伤与冷漠，相反，有一种说不出的迷茫和绝望。

“死因？”麦尔斯又问。

“一氧化碳中毒。”

“逝世时间？”

隔了很久，对方才含混不清地回答：“我还不知道……就快了。”

电光火石之间，麦尔斯猜到了答案，但仍故作镇定地问：“您的姓名？”

“本……本·莱克。”电话里的声音显得疲惫不堪。麦尔斯知道一氧化碳气体已经开始起作用了。

虽然有思想准备，但麦尔斯的心还是狂跳不止。他一边向同事做手势，一边竭力保持冷静。

这时，一个同事向他这边走来。麦尔斯示意同事不要说话，在笔记本上颤抖地写道：“那人要自杀！”同事马上会意，抄下来电显示上的号码，用口形告诉麦尔斯：“我去报警。”

“我还需要一些信息，您愿意帮助我吗？”麦尔斯用最温柔、最亲切的语调对本说，他想让对方在线上多待一会儿，保持清醒，但本的回答越来越难分辨。麦尔斯闭上眼睛，想象自己坐在本对面，集中精神听他说话。同事们安静而焦急地看着麦尔斯。

突然，电话中一片死寂，本好像昏倒了。麦尔斯攥紧拳头大声喊：“本，醒醒，我在听你说话。”然后麦尔斯听到警笛声、救护车声、敲门声，随后是玻璃破碎的声音，救援人员赶到了！

一个陌生的声音从电话里传来：“我是警察。谢谢你及时报警，病人没有生命危险。”

麦尔斯的泪水夺眶而出，兴奋地大喊：“有救，还有救！”顿时，掌声、欢笑声从编辑部各个角落传来，大家一边擦眼泪一边互相拥抱、握手。

月末总结会上，总编宣布本月的“最佳记者”是麦尔斯！看到麦尔斯惊讶的神情，一个资深记者说：“你当之无愧。如果那天是我接电话，我肯定不会注意到本要自杀。”

“可我什么也没做，我只不过听他说话……”

那个记者微笑着拍了拍麦尔斯的肩："然而，倾听是多么罕有的美德啊！"

男孩要懂的道理

1986年诺贝尔和平奖得主埃利·威塞尔说过："生命的反面不是死亡，是冷漠。"假如你对人对事总是显得缺乏热情，而且根本不把别人的事情放在心上，没有责任感和乐于助人的心，那么你永远体会不到生命的温暖和可贵，也会因此错失很多机会。所以，不要怕麻烦，多学着承担一些责任，对人多一些热情和关注，你的世界就会大不相同。

快乐成长金钥匙

如何做个有心人

人们常说："世上无难事，只怕有心人。"那么，什么是有心人呢？通常来说，有心人就是在别人面临危险、伤心痛苦、孤独寂寞、绝望沮丧时，能够帮助别人排忧解难，像一盏生活的明灯一样，给别人带去光芒、温暖，甚至能为迷茫的人指出前进的方向。那么，如何才能做个有心人呢？

首先，你要有一双敏锐的眼睛。有位名人说过："应当细心地观察，为的是理解；应当努力地理解，为的是行动。"没错，只有多细心观察，你才能觉察出对方最需要的是什么，进而再采取行动。

其次，你要有一颗善于捕捉信息的敏感的心。真正的有心人，除了要靠一双眼睛去看，还要靠心去感应，这样才更有利于你感觉到对方的不良情绪或者困境，从而为对方提供切实的帮助。

最后，你要懂得正确思考，并且用积极、热情的态度去对待别人。一个不善于思考、做事冲动、缺乏热情的男孩，永远也无法成为一个真正的有心人，自然也想不出解决问题的对策。所以，要想做一个有心人，既要用眼、用心，更要用脑。

为这盆花负起责任

6岁的诺曼在美国亚利桑那州的一个城镇上幼儿园，最近老师在给孩子们介绍有关植物方面的知识。诺曼迷上了植物，他觉得那些花花草草非常美丽，而且很神奇，所以他苦苦地哀求父亲给他买一盆鲜花。

父亲同意了诺曼的请求，但他告诉诺曼："儿子，鲜花和我们人一样，是需要精心照料的，你想要拥有它的美丽，那么你就要对它负责。"父亲问诺曼："你能保证照顾好它吗？"诺曼信誓旦旦地保证："我一定会好好照顾。"

周末，父亲带着诺曼到花卉市场，为他买了一盆小花。父亲希望儿子观察这株小花的生长过程，并且能够按时为它浇水、施肥。

最初几天，诺曼十分兴奋，每天耐心地给小花浇水、施肥，还根据日照的情况，不断地给花盆挪动位置。有时，他还会拿出一个小本子，歪歪扭扭地用只有他自己能够看懂的图标记录着花卉生长的情况。

父亲对此十分满意。可是没过多久，父亲发现小诺曼给小花浇水的次数越来越少了，甚至好多天都不浇一次水，也不再做记录，儿子似乎已把养花的事给忘了。结果，那株小花渐渐地枯萎了，叶子也开始泛黄。没过多久，这盆花就要枯死了。

一天，晚饭后，父亲把诺曼叫到阳台，对他说："你给花浇水了吗？"

诺曼耷拉着头说："没有，这几天忘了。"

"为什么没有？"

诺曼看着脚尖，无法回答父亲的追问。

"诺曼，当初我们在买这盆花的时候，你是怎么对我说的？由谁负责给这盆花浇水？"

"是我……"诺曼胆怯地回答。

“孩子，现在你看，这盆花多么伤心！它不再有美丽的叶子，花也不再开放，而这都是因为你不负责任的缘故。”

诺曼非常羞愧，他决定好好为这盆花负起责任。所以，在接下来的日子里，他每天坚持给花浇水，让它晒太阳，还记着隔一段时间给小花施一次肥。神奇的事情发生了，原本已经枯萎的小花竟然又恢复了以往的生机。

男孩要懂的道理

责任的确会使人感到一种无形的压力，而且有时履行责任是一个漫长而枯燥的过程，有些缺乏耐心的男孩时常容易半途而废。因此，要想圆满而成功地做成一件事情，你就要学会负责到底，并且让责任成为一种习惯。

快乐成长金钥匙

如何把责任变为习惯

“习惯创造的奇迹多么惊人呀！习惯的养成又是多么快和多么容易呀——无论是那些无关紧要的习惯，还是那些使我们起根本变化的习惯，都是一样。”这是美国幽默大师马克·吐温在其著作《三万元的遗产》中所写的话。可见，习惯的确有一种很强大的力量，如果你能把责任变为一种习惯，那么，你的人生将会因为这种习惯而改变。那么，如何把责任变为习惯呢？

首先，从每一件小事做起，让责任感成为你学习、生活中的一种好习惯。例如，如果你每天帮助父母倒垃圾，并且把它认为是你应该去做的事情，是你的责任和义务，那么形成这种好习惯以后，你会发现在其他方面你的责任意识也在增强。

其次，你要坚持，最好能为自己制订一个小计划。生活、学习中总会有很多意料之外的事情发生，这些事情可能会妨碍你正在做的某件事情，如果你随意放弃手中的事情，就是一种不负责任的做法，而且这样很难让责任成为一种习惯。所以，你要坚持。

最后，你要有一种使命感。无论是学习、做家务还是照顾小狗、小花等，你都要把它们当成一种使命去尽力完成，只有这样，你心中的责任感才会渐渐变成一种习惯。

把阳光带给奶奶

很久以前，有个叫詹姆斯的小男孩，他有一个年纪很大的奶奶。他们家住在山上，每天太阳从南边的窗户射进来，把房间里的每样东西都照得美极了。可是奶奶住在北边的房间里，太阳从来都照不到那儿。詹姆斯对父亲说："太阳真美啊，奶奶也喜欢阳光，为什么太阳照不进奶奶的房间呢？要不我们把房子转个个儿吧。"

父亲笑着说："房子太大了，我们转不动啊。"

詹姆斯非常伤心地说："那奶奶就照不到一点儿阳光了吗？"从此以后，詹姆斯每天都绞尽脑汁想着怎样才能让阳光照到奶奶的房间。

当他在野外玩耍时，看到小草和花儿向他点头微笑，小鸟在树上跳来跳去唱着动人的歌曲。它们好像都在说："阳光真美啊，我们爱阳光。""奶奶肯定也喜欢阳光，我一定要想办法带点儿阳光给奶奶。"詹姆斯想着。

一天，詹姆斯在花园里玩耍时，看到阳光照到他的衣服上、脸上、头发上。他想："把阳光用衣服包住送给奶奶不就行了吗？"于是，他急忙把自己的衣服脱下，小心地抱在怀里，急急忙忙地跑到奶奶面前，兴奋地喊着："奶奶，我给您送阳光来了。"可是，当他把衣服打开后，没有看到一丝阳光，他很伤心。可是奶奶说："我看到阳光了，从你的眼睛里、你的衣服上、你的脸上……"詹姆斯虽然不明白为什么奶奶能从他的身上看到阳光，但他还是很高兴。以后的每天早上，他都要到院子里晒一会儿太阳，然后再跑到奶奶房间里，把阳光带给奶奶。

男孩要懂的道理

英国著名作家莎士比亚说过："慈悲不是出于勉强，它是像甘露一样从天上降下尘世；它不但给幸福于受施的人，也同样给幸福于施与的人。"所以，男孩应该明白，要做幸福的施与者，必须学会乐于助人，并且把帮助需要帮助的人当作自己的一种责任。

快乐成长金钥匙

培养责任心要从小事做起

一位教育专家曾精辟地指出："孩子都是好孩子，家长未必都是好家长；孩子的一切问题，根子在成年人身上。"这就要求家长从大处着眼，从点滴做起，在看似微不足道的小事上培养孩子的责任心。

一个人的责任心不是一下子就能培养起来的，需要经过很多事情的磨炼才可以。不论孩子有什么过失，只要他具备一定的能力，就应当承担一定的责任。现在的很多父母在家从不让孩子动手做家务，作为家庭中的一员，孩子从小就忽略了在家务劳动方面应负的那份责任。晚上孩子写完作业，父母忙着给孩子收拾作业、整理书包；放学后爷爷奶奶替孩子背书包……使孩子淡化了对自己行为负责的意识，以至于社会上出现了很多望子成龙却得不到回报的伤心父母。

所以，要想培养男孩的责任心，父母就要让孩子先从小事做起，要从一点一滴中培养。

必须把60人救出去

1870年3月17日夜晚，哈尔威船长照例行驶于从南安普敦到格恩西岛这条航线。大海上夜色正浓，薄雾弥漫。船长站在舰桥上，小心翼翼地驾驶着他的“诺曼底”号。乘客们都进入了梦乡。

雾越来越浓了，在茫茫的大海上，轮船缓缓行驶着。这时大约是凌晨4点钟，周围一片漆黑，船桅的梢尖勉强可辨。

突然，沉沉夜雾中冒出一枚黑点，它好似一个幽灵，又仿佛一座山峰。只见一个阴森森的往前翘起的船头穿破黑暗，在一片浪花中飞驶过来，那是“玛丽”号，一艘装有螺旋推进器的大轮船，船上载着500吨小麦，行驶速度非常快，负重又特别大。它笔直地朝着“诺曼底”号驶了过来，眼看就要撞船，已经没有任何办法避开它了。一瞬间，大雾中似乎耸起许许多多船只的幻影，人们还没来得及一一看清，就要大难临头，葬身鱼腹了。

全速前进的“玛丽”号向“诺曼底”号的侧舷撞过去，在它的船身上剖开一个大窟窿。由于这一猛撞，“玛丽”号自己也受了伤，终于停了下来。“诺曼底”号上有1名船长、28名船员，1名女服务员，31名乘客，其中20名是妇女。震荡可怕极了。刹那间，男人、女人、小孩，所有的人都奔到甲板上，人们半裸着身子，奔跑着，尖叫着，哭泣着，惊恐万状，一片混乱。海水哗哗地往里灌，汹涌湍急，势不可挡。轮机火炉被海浪呛得嗞嗞地直喘粗气。

船上没有封舱用的防漏隔墙，救生圈也不够。哈尔威船长站在指挥台上，大声吼道：“全体安静，注意听命令！把救生艇放下去。妇女先走，其他乘客跟上，船员断后。必须把60人救出去。”实际上一共有61人，但是船长把自己给忘了。

船员赶紧解开救生艇的绳索。大家一窝蜂拥了上去，这股你推我搡的势头险些把小艇都弄翻了。奥克勒福大副和3名工头拼命想维持秩序，但整个人群因为猝然而至的变故简直像疯了似的，乱得不可开交。几秒钟前，大家还在酣睡，现在却突然面临随时丧命的危险，这怎么能不叫人失魂落魄！

就在这时，船长威严的声音压倒了一切呼号和嘈杂。黑暗中，人们听到这样一段简短有力的对话：“洛克机械师在哪儿？”“船长叫我吗？”“炉子怎么样了？”“海水淹了。”“火呢？”“灭了。”“机器怎样？”“停了。”船长喊了一声：“奥克勒福大副！”大副回答：“到！”船长问道：“我们还有多少分钟？”“20分钟。”“够了，”船长说，“让每个人都下到小艇上去。奥克勒福大副，你的手枪在吗？”“在，船长。”“如果哪个男人胆敢抢在女人前面，你就开枪打死他！”

大家立刻不出声了。没有一个人违抗他的意志，人们感到有一个伟大的灵魂出现在他们的上空。“玛丽”号也放下救生艇，赶来搭救由于它肇祸而面临险境的人员。

救援工作进行得井然有序，几乎没有发生什么争执或者斗殴。事情总是这样，哪里有可悲的利己主义，哪里就会有悲壮的舍己救人。

哈尔威巍然屹立在他的船长岗位上，指挥着、主宰着、领导着大家。他把每件事和每个人都考虑到了，面对惊慌失措的人，他镇定自若，仿佛他不是给人而是在给灾难下达命令，一切都似乎在听从他的派遣。过了一会儿，他喊道：“把克莱芒救出去！”克莱芒是见习水手，还不过是个孩子。

轮船在深深的海水中慢慢下沉。人们尽力加快速度划着小艇在“诺曼底”号和“玛丽”号之间来回穿梭。“快干！”船长又叫道。20分钟到了，轮船沉没了。船头先下去，没过多长时间，海水把船尾也浸没了。

哈尔威船长屹立在舰桥上，一个手势也没有做，一句话也没有说，犹如铁铸，纹丝不动，人们透过阴森恐怖的薄雾，凝视着这尊黑色的“雕像”徐徐沉入大海。

男孩要懂的道理

奥地利著名精神医学家维克多·费兰克博士说过："每个人都被生命询问，而他只有用自己的生命才能回答此问题；只有以'负责'来答复生命。因此，'能够负责'是人类存在最重要的本质。"由此可见，对生命负责才是一个人最本质的体现。如果在危难关头你也能像哈尔威船长那样对每一个生命担负起责任，那么无论是你的形象还是你的行为都会被人们牢记。

快乐成长金钥匙

生命与责任同行

法国著名思想家罗曼·罗兰说过这样一句名言："世界上只有一种英雄主义，那就是了解生命而且热爱生命的人。"没错，生命对于每个人来说都是可贵的，但如果你只懂得珍惜自己的生命，而漠视别人的生命，那么你就是一个没有责任感、冷漠无情的人。

当然，许多男孩都想成为别人心目中的英雄，希望别人一谈起自己的时候都能竖起大拇指。但首先你要做一个有责任心、在危难时刻能够为他人生命负责的男子汉。

责任是一种担当，一种气度，一种大无畏的精神，而生命承载着这种担当、气度和精神。无论是对待自己的生命还是别人的生命，如果你都能让责任与之同行，并且处处为别人着想，那么你就是真正的英雄。

为自己的过失行为负责

出生于伊利诺伊州坦皮科的罗纳德·威尔逊·里根总统，小时候是一个非常顽皮的小男孩。有一天，12岁的里根正与几个小伙伴一起玩足球，结果一不小心，里根将足球踢到了邻近一户人家的窗户上，并且把一块窗玻璃砸碎了。

突然，一位老人怒气冲冲地从屋里跑出来，大声责问是谁干的“好事”。刚才还在一起踢球的小伙伴们纷纷逃跑了，只有里根走到老人跟前，低着头向老人认错，并请求老人的原谅。但这是一个非常固执的老头，他无视委屈哭泣的里根，而是让他回家拿钱赔偿。

回到家，闯了祸的里根怯生生地将事情的经过告诉了父亲。虽说儿子还是个孩子，但是父亲并没有因为他年龄小就原谅他的错误，而是板着脸沉思着一言不发。此时，一直坐在旁边心疼儿子的母亲为里根求情，并且劝说生气的丈夫。

过了不知多久，父亲才冷冰冰地对里根说道：“家里虽然有钱，但是你自己闯的祸，就应该由你自己对过失行为负责。”不过，父亲还是掏出了钱，严肃地对里根说：“这15美元我暂时借给你赔人家，不过，你必须想法还给我。”里根从父亲手中接过钱，飞快地跑过去赔给了老人。

从此，里根一边刻苦读书，一边用空闲时间打工赚钱还父亲。因为他个子太小，力量也不够，能做的工作很有限，所以他平时只能到餐馆帮别人洗盘子刷碗，有时还捡捡废品。不过，经过几个月的辛苦努力，里根终于赚到了15美元，并自豪地交给了父亲。父亲欣慰地拍着里根的肩膀说：“一个能为自己的过失行为负责的人，将来一定会有出息的。”

很多年之后，已经成为美国总统的里根，每当在回忆少年往事时，总是会深有感触地说：“那一次闯祸之后，使我懂得了做人的责任。”

男孩要懂的道理

男孩做错事如果不懂得为自己的行为负责，那么他就是一个没担当、懦弱的人。因为逃避过错本来就是怯懦、自私的表现，这样的人想到的永远是自己。如果你肯为自己的过错负责，通过不断认识和改正自己的错误，并且勇于承担相应的后果，那么你就会更快走向成功。

快乐成长金钥匙

做错事，怎么办

法国著名作家雨果在其《悲惨世界》一书中这样写道："尽可能少犯错误，这是人的准则；不犯错误，那是天使的梦想。尘世上的一切都是免不了错误的……"可见，每个人都会或多或少地犯错误，从来没有犯过错误的人是根本不存在的。那么，当你不小心做了错事，该怎么办呢？

首先，不能逃避，要学会主动承认错误。生活中，也许你也犯过错误，但无论错误是轻还是重，你都不能逃避，而是要主动承认错误。因为逃避是弱者的行为，更是失败者的诱因。

其次，要有胆量为自己的过错承担后果。做错事后，除了要主动承认错误，下一步就是来尽量弥补这个错误，甚至接受一些惩罚，这样才会让你谨记：下次绝不要再犯同样的错误。

最后，要学会总结经验、教训。所谓"吃一堑，长一智"，当你为自己的不良行为负责之后，接下来就是要为你自己负责，让自己深刻认识到错在哪里、如何不再犯错等。只有这样，你才能更快地成长、成熟。

40个紧急电话

罗伯特是一名英国记者，有一次他去日本东京旅游，在日本的一家百货公司买了1台唱机，准备送给住在东京的朋友作为见面礼。当时，商店的服务员彬彬有礼、笑容可掬地特地挑了1台尚未启封的唱机给他。然而回到住处，罗伯特拆开包装试用时，才发现唱机没装内件，根本无法使用。火冒三丈的罗伯特准备第二天一早就去百货公司交涉，而且就此事迅速写了一篇新闻稿。

第二天一早，一辆汽车赶到罗伯特的住处，奥达克余百货公司的总经理和拎着大皮箱的职员从车上急忙下来。他们一走进客厅就俯首鞠躬、连连道歉，罗伯特搞不清楚百货公司是如何找到他的。

看出罗伯特的疑惑，那名职员立即打开记事簿，讲述了大致的经过。原来，昨天下午清点商品时，发现将一个空心的货样卖给了一位顾客，此事非同小可，总经理马上召集有关人员商议。当时只有两条线索可循，即顾客的名字和他留下的一张英国快递公司的名片。据此，百货公司展开了一场无异于大海捞针的行动。打了数十个紧急电话，向东京的各大宾馆查询，没有结果。

于是，该百货公司又马上打电话到英国快递公司的总部，深夜接到回电，得知罗伯特在英国的父母的电话号码，接着，打电话到英国，得到罗伯特在东京的朋友家的电话号码，终于找到了罗伯特的落脚地。这期间共打了将近40个紧急电话。职员说完，总经理将1台完好的唱机外加唱片1张、蛋糕1盒奉上，并再次表示歉意后离去。罗伯特的感激之情可想而知，他立即重写了新闻稿，详细描写了这件事情的始末。

男孩要懂的道理

科威特著名作家穆尼尔·纳素说过："责任心就是关心别人，关心整个社会。有了责任心，生活就有了真正的意义和灵魂。"的确，一个具有高度责任心的男孩，不但可以获得别人的信任、理解和尊重，而且能为自己赢得更多的机遇。所以，你要努力做一个有责任心的男孩。

快乐成长金钥匙

如何培养责任心

其实，责任心是每一个男孩都应具备的基本素质，也是你能做好每一件事情所必备的条件。一般来说，男孩应该具有这样一种责任心：对自己、对他人、对家庭、对集体、对社会等尽到自己的责任和义务。那么，如何培养责任心呢？

首先，你要对自己负责，对你的父母负责。这种负责主要表现在你的学习、生活习惯、品行、心态等方面。例如，你学习努力、帮助父母做家务、养成良好的生活习惯、品行端正等。

其次，你要对自己所在的集体负责。现在你的集体可能是一个班、一个学校，将来你的集体可能是工作单位，但无论你所属的集体是怎样的，你都应该认认真真、尽心尽力地做事，始终以集体中的一员的身份和态度积极与周围的人相处。

最后，你要敢于承担责任。无论你处在什么样的环境中，和什么样的人做朋友，如果你不敢于承担责任，那么你就无法获得他人的信任和尊重，自然会失去很多与他人协作的机会，严重阻碍你成功的脚步。所以，无论何时，你都要敢于担责。

第六章

好习惯的报酬是成功

有位哲人说过：“习惯真是一种顽强而巨大的力量，它可以主宰人生，因此，人自幼就应该通过完美的教育，去建立一种好的习惯。”可见，男孩只有养成良好的生活习惯，才能主宰自己的人生，才能不断创造更多的成就。所以，你要养成积极主动的习惯，更有热情地生活；你要养成合理计划的习惯，更有条理地生活；你要养成坚持不懈的习惯，更有毅力地生活……

今日事今日毕

“决不拖延”是著名的埃克森美孚石油公司员工们心目中最重要的一条行为准则。正是在“决不拖延”的理念指导下，埃克森美孚石油公司创建了效率速度部。这一绝妙的创意来自约翰·丹尼斯，而灵感来源于能够彻底地诠释“速度”价值的世界顶级赛事——一级方程式赛车（F1）。

约翰·丹尼斯本人也非常强调“决不拖延”的理念。在他的办公室数字墙上，你总是可以看到这样几句话：“决不拖延！”“如果我拖延下去，我将会怎么样？”“如果将工作拖到以后再去做，那么会发生什么？”

有一天，约翰·丹尼斯和助手一起到公司各部门巡查工作。当他们下午3点钟到达休斯敦一个区加油站的时候，这家加油站的油价告示牌上公布的竟然还是昨天的数字，工作人员并没有按照总部指令将油价下调“5美分/ 加仑”公布，这令丹尼斯非常恼火。

所以，他立即让助手找来了加油站的负责人弗里奇。还没有等到这位负责人走到自己身边，丹尼斯就生气地指着报价牌大声说道：“弗里奇先生，难道你昨天一直在睡梦中吗？要知道，你的拖延已经给我们公司的荣誉造成了很大损失，你这家加油站收取的单价比我们公布的单价高出了5美分，我们的客户完全可以在休斯敦的很多场合贬损我们的管理水平，并使我们公司被传为笑柄。”

弗里奇先生已意识到问题的严重性，马上说：“是的，我立刻去办。”弗里奇先生命人立即更换了告示牌上的油价，丹尼斯这才面带微笑地说：“弗里奇先生，假如我告诉你，你腰间的皮带断了，而你却不立刻去更换它或者修理它，那么，当众出丑的只有你自己。这是与我们竞争财富排行榜第一把交椅的沃尔玛商店的信条，你应该记住。”弗里奇先生连连称是，从此之后，弗里奇先生做事再也不会拖拖拉拉了。

男孩要懂的道理

“我想不出比‘今日事今日毕’更好的工作方法。它是一种艰苦的方法，需要用毅力去支持，但也是最好的方法。”这是美国著名投资家坦普尔顿说过的一句名言。就像他所说的那样，防止拖延的最好办法就是尽力去完成今天的事情。所以，当你发现自己有拖延的坏习惯时，应该不畏困难，积极行动，立刻着手去做，这样久而久之，你就会改掉拖延的习惯。

快乐成长金钥匙

怎样改掉拖延的习惯

演讲家罗伯·舒勒博士说过：“空有理想不付诸行动，梦想终归只是梦想，永远没有实现的可能。”他还说，“犹豫不决的人，常常迟迟不会行动。他们老是说：‘等一等，等我准备好时就一定开始。’但是准备又准备，却从未就绪。成功的人，往往一经决定，就立即行动，因为机不可失，时不我待，失去契机，将永远无法成功。”

没错，拖延是成功最大的敌人，因为你的时间、能力、品格、自由与机会会被它偷走，而你也会成为拖延的奴隶。生活中，很多男孩常犯拖延的毛病，例如，有的男孩对未来已经有了明确的目标和学习计划，但就是拖延着不去动手，他们总是把行动的日子放在明天或者后天、大后天，就这样“今天”一天天过去了，男孩们还在梦里憧憬着美好的未来，却不知道抓住今天。

其实，改掉拖延习惯的办法很简单，那就是立即行动，不要给自己拖延的借口。人生只有短短几十年，如果不好好珍惜时光，那么当碌碌无为的一生结束时，留给你的只有遗憾。为了尽量少留遗憾，你要立即行动，改掉拖延的习惯。

有计划地做事情

布兰科和奥特加是两个同龄的西班牙男孩，而且他们还是邻居，但是两人家境却相差很远。布兰科的父亲是一个住别墅、开豪车的富商，而奥特加的父亲却是一个住棚屋、没有车的摆地摊小贩。

从小，布兰科就常常听到父亲这样的教诲：“儿子，长大后你愿意干什么就干什么，如果你想当律师，我就让我那位大名鼎鼎的私人律师教你当一名好律师；如果你想当医生，我就让我那位医术非常高超的私人医生教你医术；如果你想当演员，我就将你送到最好的艺术学校学习，然后给你找来最好的导演和编剧为你量身定做角色，永远让你当主角；如果这些你都不愿意，而是想和我一样当个成功的商人，那么我会亲自教导你如何做生意，而且只要你肯学，我会将我毕生的经商经验全都传授给你，让你做一个超级富豪！”

奥特加从小也常常听父亲的教诲，不过他的父亲是这样对他说的：“儿子，由于我的能力有限，我们家又不富裕，所以给不了你太多的帮助，我除了教你怎样摆地摊外，再也教不了你任何东西了。你除了跟我去学摆地摊，其他的就是想也是白想啊!”

布兰科和奥特加都分别记住了各自父亲的教诲。布兰科对于自己的未来并没有特别明确的计划，他一开始觉得律师不错，于是报考了律师，可是没学几天，就觉得律师的工作很单调，根本不适合他的性格。不过，他一点儿也不担心，因为不当律师，可以转去学医术，于是他又去学习医术。可是缺乏耐心的他根本不知道如何与病人打交道，还没干多久，布兰科又觉得医生这个职业似乎也不太适合他。于是，他又想到了有趣而光鲜的演员职业，但是没过多久，他又觉得做演员非常辛苦。最后，他不得不回家跟随父亲学习怎样当一个成功的商人，但是又碰上金融危机，父亲的公司破产了，布兰科的成功商人梦也破碎了。最终，布兰科一事无成。

奥特加最初按照父亲的意思跟着他摆地摊，但是工作了几天后，他觉得这份工作又辛苦又不赚钱，日晒雨淋不说，还要常常遭人白眼。但是不摆地摊他能干什么呢？他想了一想，似乎真的没有什么可干的。不过，聪明以及善于计划的奥特加慢慢从摆地摊的工作中看到了发财的机遇，他没有再想着换份工作，而是安安稳稳、认认真真地将地摊摆好。

结果，几年后，奥特加终于拥有了自己的专卖店。30年后，他不但一跃成为世界第二大成衣零售商，在世界68个国家中总计拥有3691家品牌店，还以250亿美元个人资产位列《福布斯》2010年世界富豪榜第9位。

男孩要懂的道理

人际关系学大师戴尔·卡耐基认为，一个人无论具有怎样的天赋与才华，如果他不知道自己的这种天赋与才华，并且没有形成适合自己天赋与才华的计划，那么，一切天赋与才华对他来说都是没有任何作用的。可见，只有把一切形成计划去一步步地实施，成功才会变成触手可及的现实。计划是你获得成功的关键。

快乐成长金钥匙

如何制订计划

科学家通过调查研究发现：制订计划将极大提高目标实现的成功概率，而且那些经常制订计划的人比从来不制订计划的人成功概率要高得多。

曾有人对哈佛大学的一个毕业班进行了一项调查，结果显示：80%的毕业生不曾有过明确的目标或者抱负；15%的毕业生曾为自己设定了目标或者抱负，但仅仅是想过而已；只有5%的毕业生书面记录下了自己的目标或者抱负。毕业30年后，书面记录下了自己的目标或者抱负的这5% 的毕业生，不仅实现了自己的目标，而且他们作为一个整体所拥有的净资产也远远超过了其余95%的班级成员所拥有的资产总和！

这项调查结果再一次证实：制订计划，并按照计划来实施，事情成功的概率会非常高。所以，男孩应该学会给自己的学习、生活等方面制订计划。大体来说，你可以这样做：第一，把你的计划大声说出来，这样你就会产生一种受监督的感觉，有助于你按计划行事；第二，在纸上写下自己的进度，将有助于你坚持实现自己的目标；第三，提醒自己：立刻就做，不要拖延计划的实施；第四，要分别制订长期计划和短期计划，一步一步来；第五，要做好准备工作，不要耽误不必要的时间。

总之，养成善于计划的好习惯，会极大地提高你的办事效率和成功概率。

妥善安排自己的时间

在20世纪30年代的美国拉斯维加斯，罗伊是推销行业内一个十分有名的人，他常被人们称为最伟大的推销员，更时常以惊人的业绩令同行们汗颜。为什么在相同的时间里，罗伊总是能够完成最多的任务呢？难道是他从什么地方偷来了时间不成？

时间当然不会只厚待罗伊，事实上，凡是和他打过交道的人稍加观察就会知道其中的秘密。原来，无论是在工作还是在平时的生活中，罗伊都有一个习惯，他每次都会先说出一句口头禅，那就是“我的发言只有3分钟”。他不但是对自己这样，在面对客户的时候，他也是这样。一般他都会要求客户给他3分钟的时间，让他介绍自己的产品，而他也确实完成了这样的任务。

“3分钟的时间”确实很短暂，不过罗伊就是充分利用这3分钟的时间，让客户全面了解了他的产品。所以，客户们总是在惊讶之余对他的效率感到钦佩，这样的高效率自然为罗伊树立了良好的口碑。因此，他自己在一天的经营中，业绩几乎是最好的。

后来，罗伊不当推销员之后，成立了一家公司。他在自己会议室的墙上安装了一个特殊的钟表，这个钟表每3分钟会发出一次警告。那么，这个特殊的钟表有什么作用呢？原来，罗伊在和员工开会的时候，要求手下的那些策划者和推销员必须在3分钟之内完成自己的陈述，否则就将失去表达的机会。正是一直严格遵循这样一个“3分钟的时间”的准则，罗伊的公司在同行业中的效率也是最高的，他公司所创造的销售额自然也让同行们羡慕不已。

男孩要懂的道理

英国著名博物学家托马斯·赫胥黎说过：“时间最不偏私，给任何人都是24小时；时间也最偏私，给任何人都不是24小时。”的确，那些懂得妥善安排自己时间的人，24小时对他来说是提高办事效率，接近成功的有效进程；而那些不懂得妥善安排时间的人，时间对他们来说不是无意义、无聊，就是造成他们失败的“借口”。所以，男孩一定要懂得安排自己的时间。

快乐成长金钥匙

如何学会正确的时间管理

现实生活中，我们总会听到有些男孩这样抱怨：“一天24小时根本不够用，我玩会儿球天就黑了，等到写作业的时候都快晚上10点了。”“为什么同样的学习任务，别人能在规定的时间内完成，我却完不成呢？难道是我太笨了？”“老师布置的家庭作业太多了，根本写不完，连预习功课的时间都没有。”……

其实，很多时候不是时间不够用或者学习任务太重，而是你根本不懂得如何正确安排自己的时间，以至于学习效率低下。曾经有一项调查显示：一个效率低的人与一个效率高的人工作效率相差可达10倍以上。由此可见，你只有掌握了正确的时间管理方法，才能在最短的时间或者在预定的时间内，把自己想要做的事情做好。

那么，有哪些时间管理方法对男孩的学习、生活有帮助呢？下面这些时间管理方法你不妨根据自己的实际情况尝试一下：

你要学会有计划地利用时间，最好能列出一个时间安排表，然后按计划行事。

你要有具体、可实现的清晰目标。例如，晚上7 ~ 8 点这一段时间写家庭作业等。

你要遵循自己的生物钟，学会劳逸结合。

你要学会区分短期性的紧急事务和长期性的重要事务，然后分配出合理的时间。

对于那些不重要的事情，你要学会“拒绝”，尽量把时间用在重要的事情上。

时间分配要具有灵活性，你不要把每一分每一秒的时间都安排得满满的，要给那些无法预知的事情留些时间。

……

当然，除了以上几种，时间管理还有很多方法，但无论是哪一种方法，你都要根据自己的实际学习情况、接受程度、周围环境等作出合理的调整，慢慢总结出一套适合自己的时间管理方法。

先做重要的事情

弗纳尔是一所大学的教授，在一次给学生们上时间管理的课上，他在桌上放了一个装水的罐子，然后又从讲桌下面拿出一块如拳头般大小、正好可以从罐口放进罐子里的鹅卵石，并把它放了进去。当他做完这一切，抬头问听课的学生们：“你们认为现在这个罐子是不是满的？”

“是！”所有的学生异口同声地回答。

“真的吗？”弗纳尔教授一边笑着问，一边再从桌下拿出一袋碎石子，然后把碎石子从罐口倒下去左右摇一摇，再加一些，这才又抬起头问大家：“现在，你们说，这个罐子是不是满的？”

有了刚才的前车之鉴，学生们不敢回答得太快。坐在后排的一个男生有些怯生生地细声答道：“教授，也许没有满。”

“这个同学回答得很好！”弗纳尔教授说完后，又从桌下拿出一袋沙子，然后把沙子慢慢倒进罐子，倒完后再问听课的学生：“那么现在，这个罐子是满的，还是没满？”

心中已经有些底气的学生说：“没有满！”因为他们相信弗纳尔教授肯定还有“后招”。

果然，弗纳尔教授从桌下拿出一大瓶水，缓缓地把水倒在看起来已经被鹅卵石、碎石子、沙子填满了的罐子里。当水几乎快要溢出来的时候，弗纳尔教授问在座的学生：“你们从我做的这件事情中学到了什么？”面对这个问题，学生们开始沉思起来。一个自认为有些聪明的男同学回答说：“无论我们的学习、工作多忙，行程排得多满，时间都是可以挤出来的，而且也可以去做很多事情。”这个同学的回答得到很多同学的赞同，毕竟这节课是时间管理课。

弗纳尔教授听到这个同学的答案，微微笑了一下后说：“这位同学的答案不错，但我想要告诉你们的是更重要的信息，你们有谁知道吗？”全班都沉默起来。

弗纳尔教授顿了一下说：“同学们，我想告诉你们的是：如果你不事先把鹅卵石放进罐子里，那么你就永远没机会再把它放进去了。你们的一生，很长也很短，在这个过程中，你们必须看清什么是自己的鹅卵石，是梦想？是学习？还是玩乐？如果你不去先做那些更重要的事情，那么当你有一天猛然醒悟想要重新去做的时候，可能已经来不及了！所以，要先去做重要的事情，这样才真正算得上正确利用时间。”

男孩要懂的道理

欧洲有句谚语："时间是无声的脚步，不会因为我们有许多事情需要处理而稍停片刻。"所以，做事情一定要分清主次，优先去完成那些重要的事情，然后再用剩下的时间去完成那些次要的事情。

快乐成长金钥匙

做事分清主次才会更成功

俗话说："好钢使在刀刃上。"你要想变成一个优秀的男孩，必须学会做事分清主次，而不是每天忙忙碌碌地去学习、生活，结果却发现自己取得的成绩并不理想。

19世纪末20世纪初，意大利经济学家巴莱多通过调查研究发现：任何一组东西中，最重要的只占其中一小部分，约20%，其余的80% 尽管是多数，却是次要的，这也就是著名的"二八定律"。也就是说你应该优先完成人生中20% 的重要的事情，在时间管理方面，也有人把"二八定律"理解为用80% 的时间去完成最重要的20% 的事情，这样你会更容易成功。

说到底，一个人要想提高自己的做事效率和成功率，必须专注地去做那些重要的事情，然后再用剩余的时间去完成那些次要的事情，这样才不会浪费时间。不过，首先，你要找到什么事情对你来说才是最重要的，例如，你可以在一张纸上写下你一生中最重要的几件事情，然后排出主次，并思考这些事情有什么价值，能给你的生活以及未来带来什么；其次，你要学会安排时间，优先完成那些重要的事情；最后，要做一个详细的计划安排，减少次要事情的干扰。

总之，你要做到抓大放小，把握当下，分清事情的轻重缓急和主次，然后静下心来，一心一意地去做，这样才会成功。

等待成功要有耐心

西奥多是一位著名的推销大师，在即将告别自己的推销生涯时，应行业协会和社会各界的邀请，他决定做一次告别职业生涯的演说。

当天，会场人潮涌动，座无虚席，大家都在热切而焦急地等待著名推销员西奥多的出现，并期待着他精彩绝伦的演说。但是，当这场众人期盼的演说大幕徐徐拉开时，人们看到舞台上搭起了高大的铁架，台子正中央吊着一个巨大的铁球。

伴随着观众们热烈的掌声，穿着一件白色的运动服，脚下是一双黑色胶鞋的西奥多缓缓走了出来，然后他站在了铁架的一边。

西奥多的奇怪举动引起了人们的好奇心，大家不知道他接下来要做什么。这时，突然有两名工作人员抬着一个大铁锤，放在西奥多的面前。主持人皮尔笑着对观众说："现在，请两位身体强壮的人到台上来。"虽然不知道西奥多和皮尔"葫芦里卖的是什么药"，但还是有很多强壮的年轻人站了起来，有两位动作快的已经快速地跑到了舞台上。

西奥多告诉这两位年轻人游戏规则，请他们用这个大铁锤去敲打那个吊着的铁球，直到把它荡起来为止。这显然是很难完成的一个任务，但是其中一位年轻人还是拿起铁锤，用尽力气抡起大锤，朝着那个吊着的铁球砸去，但会场里只有一声震耳的响声，吊球动也没动。这位年轻人接着用大铁锤接二连三地砸向吊球，很快他就累得满头大汗。而另一位年轻人也没有闲着，他一接过大铁锤就用尽全力把吊球打得叮当响，可是铁球仍旧一动不动。刚开始还有观众为两人加油鼓劲，可是随着两人的"无用功"，大家都认为这样下去是没用的，铁球根本不会动。

等到会场恢复了平静，西奥多从上衣口袋里掏出一个小铁锤，然后一脸认真地面对着那个巨大的铁球敲打起来。

咚的一声，小铁锤在西奥多的手里运动了起来，他用小铁锤对着铁球敲一下，停一下，再敲一下，再停一下。人们奇怪地看着西奥多不知疲倦地拿着小铁锤对着铁球敲。

5分钟过去了，15分钟过去了，半小时过去了……原本安静的会场早已经开始骚动，有些脾气暴躁的人甚至开始咒骂起来，众人用各种声音和动作发泄着他们的不满。西奥多仍然敲一下小铁锤停一下地工作着，他好像根本没有听见台下的人在喊什么。很快，有人愤然离座了，没过多久，台下只剩下零零散散的一些人，而选择留下来的人们好像也喊累了，会场渐渐地安静下来。

西奥多大概敲了50分钟的时候，坐在前面的一个观众突然尖叫一声："球动了！"顷刻间，会场寂静无声，大家都聚精会神地看着那个铁球。只见它以很小的幅度动了起来，不仔细看很难察觉。西奥多仍旧一锤锤地敲着，吊球在西奥多一锤锤的敲打中越荡越高，它拉动着那个铁架子哐哐作响，它的巨大威力强烈地震撼着在场的每一个人。终于场上爆发出一阵阵热烈的掌声，在掌声中西奥多转过身来，慢慢地把那个小铁锤揣进兜里。

西奥多开口讲话了，他只说了一句话："在成功的道路上，你如果没有耐心去等待成功的到来，那么，你只好用一生的耐心去面对失败。只有坚持不懈，成功才会到来。"

男孩要懂的道理

曾经有位老师对自己的学生这样说："如果你们能坚持用3 年的时间全心全意地去做一件事，那么你们一定会取得成功。"坚持的确会给你带来意想不到的幸运和快乐。也许现在的你暂时会遇到很多困难，但千万不要气馁和放弃，努力坚持下去，你一定会取得成功。

快乐成长金钥匙

如何做到坚持不懈

古罗马诗人奥维德说过："忍耐和坚持虽是痛苦的事情，但却能渐渐地为你带来好处。"事实上，只要你坚持努力下去，在面对挫折时能多一份忍耐之心，最终你一定能取得成功。那么，如何才能让自己做到坚持不懈呢？

首先，你要具有良好的自律精神。自律是坚持不懈的最佳助手，懂得自律的男孩做事情才不会三心二意，而且会更专心，办事的效率也会提高。

其次，不要让"失败"两个字总印刻在你的脑海中。其实，人生总免不了失败，失败有时也会教会你很多东西，所以，千万不要让抱怨和眼泪消磨你坚定的意志。

除此之外，你还应该培养自己乐观积极的正面情绪，永不放弃，遇到困难不害怕、不退缩。只要你学会坚持不懈地去做某件事情，例如学习，那么你一定会取得令人称赞的成绩。

早做决定，并付诸行动

杰勒米是一个天资聪颖、才华过人的男孩，他学习能力和领悟能力都非常强，所以他也梦想自己有朝一日成为无所不能的奇人。杰勒米觉得自己潜力无限，任何事情只要他下定决心去做就一定能成功。他相信，他的智慧与能力会超过任何一个他所知道的人，他的著作会流传千古，他的发明创造会给所有人的生活带来帮助。

不过，杰勒米虽然觉得自己有天赋、能力强，但人的一生很短暂，他必须做出选择，决定将他的聪明才智用到哪个方面，是文学？科学？体育？政治？……这样的选择对他来说真的很难，因为只发挥一个方面的潜力，意味着他其他方面的潜力将得不到发挥。

所以，就在杰勒米犹豫和徘徊的时候，他恍然间度过了小学、中学、大学，然后他开始找了一份不喜欢的工作，结了婚，有了孩子。杰勒米非常不屑将自己的天赋和聪明才智用在养家糊口上，但由于他聪明过人，在工作过程中，他还是赢得了同事和上司的赞誉。杰勒米常常想：“如果我把所有的精力都放在自己选择的某个方面，那我将来一定会大有作为。”

白驹过隙，韶华易逝。如今，杰勒米已经从一个意气风发的少年变成了一个花甲老人。有些工作他都没有力气去做了，但只要他下定决心去做，有些事情还是能让他绽放光彩的。对于杰勒米来说，他依然具有很多的天赋和潜力。一天，在外边感到身体不舒服的杰勒米早早回到家。他拖着疲惫的身躯走进洗手间，抬头看见镜子里那个花白头发、一脸憔悴的自己，他忽然明白了一个最简单的道理。但就在他醒悟的那一刻，胸口剧烈疼痛，心脏很快就停止了跳动。

前来参加杰勒米葬礼的人有很多，几乎所有认识他的人都在为他惋惜，因为像他这样一个具有天赋和绝世才华的人就这样死去了。如果他早做出决定，并付诸行动，那么，他肯定会成为某个领域的佼佼者，给世人留下影响深远的成就。

可能没人知道，杰勒米在临死那一刻也悟到了一个简单的道理：那些自以为天赋异禀、才华出众的人，如果不及时行动是不会做出一番惊天动地的伟业来的。

男孩要懂的道理

任何一个身体健康、智商正常、没有身陷战争或者自然灾难之中的男孩，都可以在很多事情上大有作为。一个男孩成功的关键不只在于他的天赋，而在于他是否采取了行动。那些有天赋而不付诸行动的男孩，等于没有天赋。相信你自己，不管此时你有没有发现自己的天赋，只要你及时行动，那么一定会有所成就。

快乐成长金钥匙

及时行动比天赋更重要

美国第34任总统艾森豪威尔说过："任何语言都是苍白的，你唯一需要的就是执行力，一个行动胜过一打计划。"比尔·盖茨也说过："想做的事情立即去做，当'立刻就做'从潜意识浮现时，立即付诸行动。"没错，只有及时行动才能帮助男孩实现计划，完成梦想。

成功不会青睐那些只是在傻傻等待的人，也不会青睐那些空想家，它总是青睐那些有目标并为之付诸行动的人。世界上那些取得令人羡慕的成就、获得世人赞誉的伟大人物，他们依靠的不仅仅是天赋，还有及时的行动力。一个有理想而不及时行动的人是不会成功的，就如美国通用电气董事长杰克·韦尔奇说的那样："如果你有一个目标，或者决定做一件事情，那么就立刻行动起来。再好的创意如果没有付诸行动，不会有成果，便毫无价值可言。成功与失败的区别仅仅在于：前者动手，后者动口。"

是的，即使你有过人的天赋，但只想不做就不会成功。想了你就要去做，不要为"不去做"一直找借口，也不要总认为自己准备不充分，或者害怕会失败，整天做白日梦，这并不能让你有任何收获。"黄粱一梦"终是梦，只有努力把设想付诸行动，才能获得成功。所以，不要做一个空想家，而要去做一个及时行动的实干家。

认真做好小事情

出生于澳大利亚京斯福特的查理·贝尔是第一位非美国人的麦当劳

公司掌门人。在他担任麦当劳的执行总经理时，曾负责管理麦当劳在全球118个国家多达3万余个餐厅的运营。

查理·贝尔在15岁时就开始了他的职业生涯，当时，因为家境极其贫寒，迫于生计的贝尔来到麦当劳店，请求店长给他一份工作。店长看着眼前这个明显营养不良、瘦弱病态和土里土气的少年，委婉地拒绝了他的要求。他对贝尔说："对不起，我们这里暂时不需要人手，你还是去别的地方看看吧。"听罢，贝尔沮丧地离开了。

几天后，贝尔竟然再次来到那位店长的面前，言辞更加恳切地请求他给自己一份工作，哪怕没有报酬也行。贝尔看着突然沉默的店长，他似乎看到了一线希望。所以，他小声对店长说："店长先生，我看到您这里厕所的卫生打扫得不是太好，这样也许会影响您的生意。请您留下我，安排我扫厕所吧，只要管吃住就行。"最终店长被贝尔的诚意所打动，答应让他扫厕所试试看。

在很多人的眼中，扫厕所是一份没出息的工作，更何况对于一个男孩来说，只会得到不屑和鄙视。但是贝尔却认为扫厕所是他人生事业的一块最坚实的基石，他一定要好好把握住这个机会。

所以，每天天没亮，贝尔就早早起床，把店里的厕所彻底清扫一次。之后，每隔一段时间他就拿着工具去维持。有心的贝尔还摸索出了一套打扫厕所的经验：先清扫大的纸片垃圾，然后撒上干灰吸水，这样打扫的效果又快又干净。贝尔对待这份工作非常认真、细心，有一次大半夜的时候，有人上厕所时，还看见睡眼惺忪的贝尔在查看厕所的卫生情况。

细心的贝尔还在厕所里摆放了一些美丽、清新的花草，他希望顾客在麦当劳的厕所中也能够欣赏美。除此之外，他还把一些名言警句写成可爱的便条贴在厕所的墙上，他希望那些来上厕所的人能够感受到麦当劳的文化气息。贝尔的所有心思都用在了厕所上，自从他来了之后，这家店厕所的卫生状况大为改观，甚至有顾客说："这家店的厕所比那些不太讲究的餐馆还要干净。"

店长经过3个月的考察，决定正式录用贝尔，并且安排他去接受正规的职业培训。培训结束之后，贝尔开始被安排在店内各个岗位上锻炼。后来，年仅19岁的贝尔就成了澳大利亚最年轻的麦当劳店面经理。之后，他又被派驻欧洲，也做得十分出色。贝尔曾先后担任麦当劳澳大利亚公司总经理，亚太、中东和非洲地区总裁，欧洲地区总裁及麦当劳芝加哥总部负责人，后来更成为管理全球麦当劳事务的执行总经理。

成功之后的贝尔在接受记者采访的时候，从来不避讳自己当年扫厕所的经历。他说，扫厕所教会他有些事你可以不去做，但如果你决定做了，那么就要全力以赴去做。

男孩要懂的道理

“把每一件简单的事做好就是不简单，把每一件平凡的事做好就是不平凡。”这是海尔公司董事长张瑞敏经常说的一句话。扫厕所，看起来是一件很简单又很小的事情，但如果你能把这件简单的小事做好，那么你就走上了成就大事的第一步。

快乐成长金钥匙

小事情，大成就

“一屋不扫，何以扫天下？”世界上有很多看起来不起眼的小事情，但如果你连这些小事情都做不好，又怎么会取得大成就呢？

从小事做起是男孩应该养成的一种良好的习惯，这种习惯会督促你珍惜时间；让你变得不再好高骛远；它还会让你明白，只有坚持不懈，才能取得成功。

不过，生活中，还是有很多男孩会有“做一天和尚撞一天钟”的想法，学习不认真，认为错一个标点符号或者写错一个英文单词没什么大不了的。殊不知，一旦你养成这种对小事或者小细节不在意的坏习惯，那么以后在遇到重大考试尤其是能够改变你命运的考试时，这些“小毛病”就可能会毁了你的人生。

所以，从每一件小事认真做起，关注每一个细节，长期坚持下去，一定能够获得大成就。

做个专注的人

英国著名的发明家詹姆斯·瓦特在1776年制造出世界上第一台有实用价值的蒸汽机，开辟了人类利用能源的新时代。人们为了纪念这位伟大的发明家，把功率的单位定为“瓦特”。

瓦特从小就是一个爱动脑筋、心灵手巧的男孩，他做事情非常专注认真。在没有自己的工作台之前，瓦特总是把时间消磨在父亲的造船作坊里，他会仔细观察大人们干活儿，然后积极思考。所以，小瓦特能够快速掌握修理航海仪表的技术，大家都说他“每根手指头上都刻着好运纹”。

瓦特的专注和认真态度是那些三心二意的人望尘莫及的，而且他永远不会停止继续探寻的脚步。中学毕业之后，瓦特来到英国伦敦，他从举世闻名的仪器专家中寻找自己的老师。数学家、仪器制造专家约翰·摩根被这个聪明、上进、专注的年轻人所打动，让瓦特做自己的学徒。瓦特用他专注而认真的精神，在一年的时间里掌握了其他学徒三四年才能学会的东西。

那么，瓦特是怎样做到的呢？原来，他每周在约翰·摩根的车间里连续工作5天，几乎天天都是从清晨干到晚上9点，即使是休息时间，他也会用来修理一些零星的东西。后来，瓦特用黄铜制作的法式接头两脚规被评为全行业中最杰出的作品。

从约翰·摩根老师那里“毕业”后，瓦特开始为格拉斯哥大学修理一批天文仪器，这时他在大学里有了属于自己的工作间，生活状况也好了很多。后来，瓦特又与一名建筑商合伙开了仪器制造修理厂，口袋里的钱也多了起来。

不过，自从瓦特得到一台老式蒸汽机模型并弄清它的缺陷、意识到改进它的可能性后，便开始踏上了一段“苦旅”。从此之后，无论是在工作中、在散步时、在水壶边、在床上……他总是沉浸在对大气压、真空、传热、能量、冷凝、效率等错综复杂的环节的思索中，他在不停地考虑那个模型和环环相扣的难题，一旦闭塞的思路有了出口，他就立即返回实验室检验。

瓦特在进行着一场伟大的研究，一旦他的研究成功，那么将对工业文明产生不可估量的影响。要知道，在此之前自然界的不稳定的风力和水力是人们驱动机械设备的最主要来源，燃料消耗过大的老式蒸汽机只能在煤矿里运用，而且它发出的巨大噪声使几英里内都不得安宁。

抛开一切凡尘俗事，瓦特一心一意地扑在蒸汽机的研究上，他曾写信告诉好友：“除了这台发动机之外，我对任何别的事情都可以一概不加以考虑。”就是这样一个专注、认真、执着的人，在15年的时间里，把60多年中无人改进的噪声巨大的矿井蒸汽机变成了可以牵引轮船和火车的动力。瓦特的发明推进了人类文明的进步，同时他也因此获得了巨大的财富和显赫的社会地位。

男孩要懂的道理

英国有句这样的谚语：“一只狗同时追赶几只野兔，必然一只也抓不到。”没错，如果你在学习的时候，一会儿想要去踢球，一会儿想要看电视，一会儿又想玩游戏，这样无形中就会降低你的学习效率，同时也会浪费很多宝贵的时间。所以，无论做什么事你都应该专心致志，不要分心，只有全力以赴地投入，你才能更快地实现目标，完成任务。

快乐成长金钥匙

专注，才会更成功

生活中，有很多聪明伶俐、天赋异禀、精力充沛的男孩，但是他们并没有按照人们想象的那样最终获得成功，这是为什么呢？曾经有人对此做了研究后发现：他们之所以没有成功，其主要原因就是缺乏专注的品质，做事情没有集中精力和倾尽全力。

事实上，一个人的时间和精力都是有限的，在同一时间很难把几件事情都做好，有时只能专心地做好一件事情。

所以，不要把你的精力总是分散在几件事情上，你不是超人，也不是同时可以完美完成很多事的机器人，你要学会专注地去做事情，这样你才能一个又一个地实现自己的目标。

当然，也有很多男孩会说：“我资质平庸，就算每次只做一件事情我也做不好，哪比得上那些聪明的人。”如果你也有这种想法，那么赶紧丢掉。因为一个天赋不高、资质平庸的男孩，只要他做事专注、努力，往往比那些天赋和资质高但不肯花心思做好一件事情的男孩更出色。因此，你要想真正成功，就请从专注地做好每一件事情开始吧！

西点军校的一个传统

拉里·R.唐尼索恩博士是西点军校1966年的优秀毕业生，同时他也是斯坦福大学的经济学硕士，更是哈佛大学的领导力教育学博士。拉里·R.唐尼索恩作为西点军校长达15年的首席领导力教授，他曾著有被称为“西点领导力研究圣经”的经典之作《西点领导课》一书，西点军校的校长戴夫·R.帕尔默将军认为他是“现代研究与实践西点领导力时间最久、资历最深、最有权威的专家”。

拉里·R.唐尼索恩博士在他的西点回忆录里描述过他刚进西点时的一个小插曲，事情是这样的：

1962年的一天，涉世未深的18岁青年拉里只穿着一件红色T恤和短裤就来到西点军校。他提着一个小皮箱，到体育馆报到。当填好所有的表格之后，拉里就走向校园中央的大操场。

突然，拉里看到一个穿制服的学长，这名学长的样子只能用完美无瑕来形容。他身披红色的值星带，这也代表他是新生训练的一个负责人。这名学长远远看到拉里就说：“嘿，穿红衣服的那个，到这边来。”拉里一边走向他，一边伸出手说：“嗨，我叫拉里·唐尼索恩。”拉里面带笑容，心想对方也会亲切地回答自己：“嗨，我叫×××，欢迎加入西点。”

但是那名学长却语气恶劣地说：“菜鸟，你以为这里有谁会管你叫什么名字吗？”听到这句话，拉里当场被这名学长驳得哑口无言。接下来，学长叫拉里把皮箱丢下，单是这个动作就又折腾了半天。拉里弯下腰把皮箱放在地上。学长说：“菜鸟，我是叫你把皮箱丢下。”这一次，拉里弯下腰，在皮箱离地面5厘米左右松手让它掉下去，但对方还是不满意。拉里只有一再地重复这个动作，直到最后身体一动不动，只把手指松开让皮箱自己掉下去，对方才终于满意。

后来，拉里听别人说，这样的事情并不单单发生在他的身上。因为在西点军校有一个传统，那就是高年级学生刁难新生，而这样做的主要目的就是培养新生的服从意识。

男孩要懂的道理

19世纪初期著名的军事统帅威灵顿说过：“执行命令是一个军人的天职，这是我们的责任，并不是侮辱。”无论是军人也好，还是普通的男孩也好，都应该养成服从的好习惯。因为懂得服从的男孩才能更好地与团队合作，也才能更好地融入到团队中去。

快乐成长金钥匙

学会服从，成功才会水到渠成

作为男孩，你可能常常会有这样的感觉：到了一个团体之中，你希望自己成为“头儿”，成为别人服从的对象，而一旦让你学着去服从别人，你就心有不甘，甚至开始反抗。还有很多男孩，希望父母、朋友都听自己的，一旦别人说的不合自己的要求，或者别人要求自己做些什么，就很不情愿，甚至找各种理由抱怨、推辞等，最后受到损失的可能是你自己。

从一定意义上说，男孩要养成服从的习惯，这样你才能在团体中立足，进而水到渠成地走向成功。当然，这里所说的服从不是让你对别人言听计从，也不是让你学会谄媚，而是让你养成在集体中遵守纪律、听从指挥的习惯，这样也可以让你避免因固执或者冲动而做出一些令自己后悔莫及的事情。

当然，如果你是一个热爱自由、自尊心强的男孩，那么更应该努力养成自觉服从的习惯，这虽然是一个很艰难的过程，但在团队中学会服从，对你的发展将更有利。要知道，今后走上社会，别人从你嘴里更愿意听到：“是的，我马上去做！”“保证完成任务！”而不是：“你让别人去做吧，我不做！”“我完不成这个任务……”

第七章

怀着感恩的心去生活

感恩是一种修养、一种美德，亦是一种精神。懂得感恩，你才能体会亲情的珍贵；懂得感恩，你才能明白友谊的可贵；懂得感恩，你才会了解师生情的厚重……怀着一颗感恩的心去生活，你才会发现生活的美好、幸福的源泉。

每天都是感恩节

一直居住在布宜诺斯艾利斯的安东尼给在洛杉矶工作的儿子海登打电话。“海登，我并不想让你在繁忙的工作之余还感到难过，但是我不得不告诉你这个消息——我和你母亲已经同意离婚，40多年来我们彼此煎熬，已经受够了。”海登可以从电话这头听出父亲安东尼声音里那浓浓的失落感。“哦，上帝！爸爸，您在说些什么呢？”很显然，年迈的父母要离婚的消息令海登大吃一惊。

“海登，我的儿子！我知道你很吃惊，但这也是没办法的事情，现在，我们看见彼此就像看见仇敌一样，我们彼此厌恶，心中再也没有了以往的浓情爱意。”说完，安东尼重重地叹了一口气。然后，他接着说道：“我们讨厌彼此的程度是你无法想象的。本来我无意打扰你，但作为你的父亲，我觉得你有权知道这件事情，至于你妹妹埃利斯那儿，就由你来告诉她吧，我真的有些累了。”安东尼挂上了电话。

海登马上给居住在澳大利亚的妹妹打电话：“埃利斯，请冷静地听我说，爸爸和妈妈决定要离婚了，怎么办？”

“什么？！不，天哪！我们得赶快回去阻止他们！”埃利斯在电话那边尖叫道。

挂断哥哥的电话后，埃利斯立刻拨通了家里的电话，是安东尼接的电话。“爸爸，你们不许离婚！绝对不能乱来！一切都要等我和海登回来再说。我们明天就到，到时大家再商议这件事情。记住，千万别冲动，听见没有？”埃利斯一口气嚷嚷完就挂了电话。

安东尼放下电话，转身对妻子说：“亲爱的，这下好了，孩子们能回来过感恩节了。但圣诞节的时候我们该怎么说呢？”

男孩要懂的道理

感恩节是为了让人们记得感恩，记得向自己爱的人和爱过自己的人传递问候或者表达敬意。其实，即使不是感恩节，我们每天也应该让自己怀着一颗感恩的心。

快乐成长金钥匙

如何做一个贴心的男孩

如今虽然许多男孩是家里的“小皇帝”，整日享受着家人和周围人无微不至的关怀和照顾，但是却不懂去关心别人。久而久之，很容易变得自私、冷漠，而这样的男孩是不会受到大家的欢迎的。那么，如何做一个贴心的男孩呢?

首先，你要懂得站在别人的立场想问题，多对别人表达自己的善意。

其次，你要学会关心家人和身边的朋友。家人为我们创造了一个温暖的家，让我们能安心地生活、学习，而朋友陪我们玩耍、相互倾诉，这样的亲情和友情让我们在爱的环境中长大，为了让他们也有这种感觉，我们就要在日常生活中多关心和照顾他们。

最后，适当的时候给家人一份小礼物。有时一份表达爱的小礼物就能让对方感受到你的关心，而且在带给对方感动的同时，你自己也能收获很多快乐。

心怀感恩，牢记一份恩情

当19岁的休伯特展望自己未来的时候，总是觉得前方一片灰暗，似乎永远看不到方向。休伯特的家境并不好，他没有受过高等教育，周围的人也都不重视他。

为了能够养活自己，休伯特找到了一份工作，当了一个小厨师。有一天已经很晚了，只有休伯特一个人在店里。正准备打烊时，一个中年男人走了进来。他问休伯特，能不能为一个可怜的西班牙游客准备一份晚餐，他迷路了，而且很饿。休伯特想都没想，就答应了他的请求。

等休伯特从厨房里出来，发现除了那个西班牙游客之外，又来了一位客人，这位客人戴着深色的帽子，就坐在离西班牙游客两张桌子远的地方。休伯特用英语同他打招呼，那个陌生客人耸了耸肩，表示他听不懂。他用德语解释说他不会讲英语，恰好休伯特在学校里学过一点儿德语，于是知道了这位客人是从德国来的，他也在市区迷了路，并且也很饿。

店外的街道上早已经寂静无人，丝丝冷风透过不太紧的窗户吹进店里。休伯特看着在接近午夜的时刻出现在店里的两位顾客，并没有显得不耐烦。相反出于礼貌，他一会儿跟西班牙人说说话，一会儿又同德国人聊几句。结果，休伯特有了一个有趣的发现：这个德国人经营着一家进出口公司，这个西班牙人有一个很大的绵羊养殖场。

于是，休伯特问西班牙人，是不是有兴趣将他的羊出口到德国去，西班牙人高兴得直点头。休伯特又转过身来问德国人，是不是愿意从西班牙进口新鲜、肥美的绵羊，德国人说，如果可以的话，这简直是他求之不得的事。谈话由此变得越来越热烈，双方交换了联系方式和地址，协商了价格，还互相把对方的银行账号也记在了餐巾纸上。

在经过一小时的翻译和谈判之后，两位客人相互握手表示庆贺，然后向休伯特道了别。出门的时候，西班牙人又转回身问道："我怎么和你联系呢？能给我留个地址吗？"于是，休伯特将自己的地址写在餐巾纸上递给了西班牙人，然后三个人分手了。

几个月后的一天，休伯特收到了一封信，是从西班牙寄来的。那个西班牙人在信中感谢休伯特所做的出色工作，同时感谢他敏锐的商业眼光。他告诉休伯特，已经有几千只羊在去德国的路上了。在信封里，西班牙人还附上了一张数千美元的支票，作为对休伯特的报答。

休伯特并没有想到要什么回报，但这次机遇却成了他一生的转折。于是，他给西班牙人回了一封信，他说：“事实上，我应该感谢你，是你让我明白了人生的价值所在，这是多少钱都买不来的东西。”在回信中，他又寄回了那张数千美元的支票。

不久，休伯特离开了这家餐厅，自己成立了一家对外贸易中介公司，很快就成了大富翁。

男孩要懂的道理

在生活中，我们经常要充当施恩者和受恩者这两种角色。但当你受恩的时候，一定要心怀感激，牢记一份恩情；而当你施恩的时候，最好很快忘掉它，更不要期待回报。因为人们鄙视那些忘恩负义的人，而你忘记所施之恩，往往会得到意外的收获。

快乐成长金钥匙

主动施与，让你更快乐

印度诗人泰戈尔曾写下这样的美好诗句：“埋在地下的树根使树枝产生果实，却并不要求什么报酬。”树根是无私的，因为它主动输送养分给树枝，最后结出累累硕果，当然这其中还包括阳光、雨水等的作用，但它们都没有邀功，而是年复一年地这样默默地主动施与。

有科学研究表明，当我们为其他人花钱的时候往往会比把钱花在我们自己身上，更能令我们感到快乐。可见，很多时候主动施与会让你感到更快乐。

不过，施与并不仅仅是指金钱，除此之外，你还可以为他人提供帮助，给别人一个微笑，表达关爱等。

总之，当你学会分享与奉献，学会无私地帮助和关心别人，那么你得到的往往要比你失去的多得多，而且显得更加珍贵。

特别的答谢方式

下班后，艾萨克在风沙中开着自己的车缓慢地前进着，透过车窗他看见远处有一个穿着破旧灰色大衣，身材瘦小，戴着一顶老式帽子的人，而且那人背上还背着两个大大的破旧背包，在肆虐的风沙中，他显得很狼狈。但是艾萨克发现这人的脸上并没有显示出任何的愁苦潦倒，相反，他带着一种安详和平静。

艾萨克情不自禁地把车开到那人身边，问他是否想搭个便车。那人道过谢之后，上了艾萨克的车。

十几分钟后，艾萨克把这个人送到了旅馆的前面，那人下了车之后和艾萨克再一次道了谢，然后朝宽广的大路走去。

稍后，艾萨克并没有着急回家，而是去了一家餐馆用餐。但当他走出来之后，竟然看到那个人又站在自己车旁，而且像是在等什么人。一见到艾萨克，他笑着说："感谢您今天让我搭了趟顺风车，我应该回报您。"

艾萨克马上说："不用了，这只是一件小事！"

"不，那是您的一种善意。请！"这人的执着和他突然暗淡的眼神，让艾萨克的心中隐隐有了一丝担忧。

艾萨克进了车厢，摇下车窗，望着他。那人先是不安地站在车外，然后慢慢地把手伸进背包。艾萨克不由得有点儿紧张，赶忙握紧拳头，但他从背包里拿出的是一支旧口琴，艾萨克立刻宽了心。

婉转悦耳的曲声悠然而起，艾萨克不禁心驰神往。

艾萨克听不出口琴奏的是什么音乐，不像是古典乐曲，也不是民谣，更不像爵士乐，他一点儿都不熟悉。虽然只是即兴而奏，但乐曲流畅，声音响亮、圆润，而且时缓时急，悦耳动听，就算在剧院里也不一定能享受到这样的独奏。艾萨克听呆了。

一对年轻情侣从饭店走出来，听到口琴声便站在不远处观望。艾萨克突然觉得不好意思，为了掩饰窘态，他有些不客气，又带着一些挖苦和不在乎说："听起来很不错的摇滚乐，但是我得走了。"那对年轻情侣听了也哈哈大笑。

原本悦耳的音乐突然颤抖了一下而逐渐停止，那人放下口琴，双眼还在注视艾萨克。他想说什么，又摇摇头苦笑了一下，然后把口琴放进背包里，转身离开了，他的背影在宽广的大路上逐渐消失。

艾萨克看着那个逐渐缩小的背影，想要追上去，为自己的不屑一顾和口误而道歉，但又改变了主意。此时，风沙小了很多，太阳也越来越灿烂，只是看着这温暖的阳光，艾萨克觉得很茫然。

男孩要懂的道理

一颗真诚感恩的心是没有高低贵贱之分的。同样，我们对别人怀有感恩的心，也不能以对方的身份高低做标准，只要你的心是真诚的，那就是最宝贵的。

快乐成长金钥匙

真诚感恩，快乐人生

法国启蒙思想家卢梭说过："没有感恩就没有真正的美德。"一个男孩只有学会真诚地感恩，才能懂得给予的可贵，才能体会到真善美带给自己的幸福快乐。那么，我们如何学会用一颗真诚的心来感恩呢？

首先，你要有一颗和善温柔的心。这个世界上有各种各样的人，我们不奢望遇到的每一个人都是热心肠的好人，但也不见得所有的人都是坏人。人可以有不同的身份，但是一颗真诚感恩的心是不分贵贱的。

其次，你要学会坦诚，不要因为虚荣、忌妒、自私而伤害到别人。例如，当被帮助的人向你表达谢意的时候，你不能摆出一副高高在上的施舍者的模样，要谦虚，更要真诚地表达你帮助别人并不是为了要求回报。

总之，感恩是不能虚假的，虚假的感恩没有温度，只有真诚的感恩才能让我们收获幸福和快乐。

与妈妈一起分享美味

肯尼斯是一个非常懂事和乖巧的男孩，每到周末，他都要去几公里以外的树林里捡柴火。

一个天气晴朗的日子，肯尼斯一会儿就捡到了许多柴火。等到太阳慢慢升起来的时候，他感到有些累，有些口渴。

肯尼斯知道附近有一条清澈的小溪，他想在那里找一个阴凉的地方休息一下，顺便吃些东西，因为他要到傍晚的时候才能回去。

这条小溪旁边有一棵枝叶繁茂的大树，是一个休息的绝佳场所。当肯尼斯到了那里的时候，他发现树下竟然不知何时长了一些熟透的野草莓。

“刚才，我还正愁着怎么把这些干巴巴的面包吃下去呢！如果把这些新鲜、可口的草莓夹在面包里，味道一定好极了！”

于是，肯尼斯把帽子放在草地上，开始小心翼翼地把红红的野草莓一颗颗放在里面。

“如果妈妈能和我一起分享这些美味该有多好呀！可是，她现在却在阴暗的房子里承受着疾病的折磨。”想到这些，肯尼斯把即将送入嘴里的草莓放了下来。

“还是把这些草莓留给妈妈吧！她现在正病着呢，吃了这些草莓一定会好受一些。”肯尼斯想。

可是，面前的这些草莓实在是太诱人了，肯尼斯心想：“我干活儿太累了，就吃一点点吧！”

口水都快要流下来的肯尼斯开始把草莓分成两堆。但是，每一堆看起来都很小，他又将它们放到了一起。

“只尝一颗，就一颗。”肯尼斯一边这样暗示着自己，一边无意中把最好的一颗草莓拿了起来，快要送到嘴边的时候，他才发现自己拿到的是最好最大的一颗，于是又连忙把草莓放下了。

“我要把最好的草莓留给妈妈。”犹豫了很久的肯尼斯决定把全部的草莓都留给母亲。

最后，肯尼斯一颗草莓也没有吃，他又去捡柴火了。

很快，太阳下山了，在夜幕降临之前，肯尼斯回到了家。当他放下柴火时，听到了母亲的呼唤：“肯尼斯，你回来了吗？快进来让妈妈看看！”肯尼斯高兴地来到母亲的床前，把草莓送给母亲：“妈妈，您看，我给您带回了这么多草莓！这是我专门留给妈妈您的。”

母亲眼中顿时噙满了泪水，她用手抚摸着肯尼斯的头说：“妈妈因为有你这样的孩子而感到骄傲，上帝保佑你！”

看到母亲那样高兴，肯尼斯也感到非常快乐，他想：“这比我自己吃了草莓还要幸福一万倍！”

男孩要懂的道理

孝顺父母会给我们带来力量和快乐，就像肯尼斯一样，他在孝敬母亲的时候，自己也感到了无比的幸福。更何况孝顺父母一直都是我们中华民族的优良传统。父母不但给了我们生命，他们还费尽心力地养育我们，教会我们怎样生存，教会我们做人的道理，还供养我们去学习知识。父母对我们的恩情是我们一辈子都偿还不了的，所以我们每时每刻都要铭记和感恩父母对我们的爱。

快乐成长金钥匙

如何做一个孝顺的儿子

《论语》曰：“父母之年，不可不知也。一则以喜，一则以惧。”大意是父母的高寿对我们来说是一件欣喜的事情，但同时我们也在为他们即将离开人世而感到忧虑。没错，“子欲养而亲不待”是每个人的遗憾和悲哀。所以，为了不让我们给自己和父母都留下遗憾和伤痛，我们应该做一个孝顺的孩子。

或许现在你年纪还很小，还在依靠父母努力工作供养你读书、生活，你也没有能力去孝顺他们，但是这并不影响你向他们表达孝心，例如，记住父母的生日；做一个懂事、上进的男孩，不要让父母过多担心你的课业状况；平时尽量帮父母做家务，减轻父母的家庭负担；养成良好的生活习惯，不结交坏朋友，让父母少操心，等等。

总之，你努力做一个善解人意、积极向上的男孩就是对父母最大的孝心。

最好的礼物是感恩

约瑟夫正在起居室里休息的时候，突然响起了一阵急促的电话铃声。他连忙抓起电话……当他听完电话便惊呆了：他那80岁高龄的父亲因心脏病突发去世了。

“爸爸！”当他沉痛地将消息告诉家人的时候，他的儿子迈克顿时痛哭失声。在迈克6岁以前，爷爷曾经担当过“爸爸”的角色，所以，迈克经常这么称呼他。在那些日子里，约瑟夫和妻子工作非常忙碌，照顾迈克的任务就落在约瑟夫父亲的肩上。他带迈克去理发，吃冰激凌，陪他打棒球。可以说，爷爷是迈克人生中的第一个好朋友。

迈克长大以后，约瑟夫的父亲要回到他的故乡养老。因为迈克刚出生的时候，为了和孙子在一起，老人搬来和约瑟夫一家同住，现在孙子长大了，他要落叶归根了。不过，分别的时候，迈克伤心不已。

但是随着时间的推移，迈克逐渐懂得了爷爷对老朋友和故土的眷恋之情。从此以后，爷爷的每一个电话和每一次来访，都让迈克欣喜若狂：

他的“爸爸”仍然没有忘记他！

当约瑟夫和孩子们走进殡仪馆，走向他们的爷爷时，迈克紧紧地抓着父亲的手。当数百位亲友走进告别厅的时候，他们才依依不舍地离开老人的遗体，站在告别厅的一侧。

突然，约瑟夫发现迈克不知什么时候竟然离开了他的身边。环顾四周，他看见儿子正站在入口处帮助那些老人——有的坐着轮椅，有的拄着拐杖，还有很多人则要斜靠在迈克的肩膀上由他搀扶着，才能走到爷爷的遗体前。

那天晚上，当丧事承办人告诉约瑟夫还需要一名护柩者的时候，迈克立刻问道：“先生，我可以吗？”承办人建议他最好和母亲或者其他兄弟待在一起，迈克却摇了摇头说：“我小的时候，一直都是‘爸爸’带我，现在该我照顾他了！”听到迈克的话，约瑟夫顿时难过地哭了起来。

从那一刻起，约瑟夫知道自己绝对不会再因为迈克考不到好成绩而严厉斥责他了，因为那些所谓好孩子的标准根本就无法与眼前的儿子相比，他的善良，他的感激之心，都是上帝赐给他最好的礼物。

男孩要懂的道理

你是不是总在失去之后，才会懂得自己曾经拥有的是多么可贵？所以，为了不让自己遗憾和懊悔，你应该学会感谢那些失去的，珍惜现在拥有的。

快乐成长金钥匙

如何做一个懂得珍惜的男孩

有很多男孩或许会常常这样抱怨：“我最爱的玩具不见了，我为什么不把它放在一个看得见的地方呢？”“我好哥们儿转学了，我和他还有很多事情没有一起做呢！”“爸爸妈妈给我的都不是我想要的，我一点儿都不稀罕！”……为什么我们总是认为那些失去的才是最珍贵的，而现在拥有的却不是我们真心想要的呢？

其实，很多人都觉得“失去的永远是最好的”，因为得不到或者再难得到，所以觉得可惜和遗憾，所以才会追悔、自责。其实，我们应该换个角度看待问题，因为那些已经失去的让我们懂得自己拥有的是多么可贵，所以我们要做一个懂得珍惜的男孩。只要把握住了现在的幸福和快乐，珍惜和爱护家人，才能留存感动，收获更多的成功。

她是我中学时代的恩师

一天，一位叫欧班的老师收到一封信，寄信人是“玛丽·居里”。“这不是大名鼎鼎的居里夫人吗？她可是举世闻名的科学家呀，怎么会给我这样一个普通的老师写信呢？”欧班老师真的不敢相信自己的眼睛。

接着，她拆开信读了起来。原来，居里夫人竟然是自己20年前教过的学生小玛丽。在信中，居里夫人向欧班老师感恩致意，并寄来了往返的路费，请她去家里做客……读着读着，欧班老师的泪水涌出了眼眶，没想到她的学生成为世界名人之后，还记得自己，她为此感动，也为居里夫人取得的成就而自豪。

就这样，阔别了20余年的师生终于见面了。居里夫人亲自下厨，热情地款待了自己中学时代的恩师。

后来有一次，居里夫人回国参加一个活动。当时的场面非常隆重，很多知名人物簇拥在居里夫人身边，对她表示祝贺。可就在大会快要开始的时候，居里夫人的目光突然停留在台下的某一点，接着，她从主席台上走了下来，来到一位坐在轮椅上的老妇人面前。居里夫人深情地吻了吻她，而这位老妇人的脸上挂满了激动的泪水。

居里夫人将老妇人推到了主席台上，向大家介绍，她就是自己中学时代的恩师——欧班老师。在场的人听后，不约而同地鼓起掌来。

男孩要懂的道理

对老师感恩是我们民族的优良传统。我们都听过这首诗："春蚕到死丝方尽，蜡炬成灰泪始干。"用来形容我们的老师是最恰当不过了。我们要感激自己的恩师，是他为你传道、授业、解惑；是他给了你走向光明的力量。感谢师恩，你的生活会因此更加美丽、更加精彩！

快乐成长金钥匙

勿忘老师的恩情

恩师，教给我们的不仅仅是知识或者获取知识的能力，他们的一言一行、他们对待生活和人生的态度，也深深地影响着我们。

那么，我们该如何报答老师的恩情呢？对老师的感恩，应传承我们一直以来所注重的内在感恩，而非物化的感恩。其实，老师最希望的是学生能学到一定的知识。只要你好好上课好好听讲，就是对老师最大的尊重；只要你把成绩提上去，就是对老师最好的回馈。

当你离开校园时，别忘记老师曾经的谆谆教诲。有时，一句简单的问候、一张简单的贺卡、一缕会心的微笑……都是回报老师的最佳方式。

爱在车祸中延续

一天，奥利尔和彼得两兄弟出门办事的时候，突然看到一辆出租车撞在路边的护栏上，变形着火了。正好目睹这场车祸的兄弟毫不犹豫地飞跑过去，此时，浓烈的火正从副驾驶位烧向后排座位，出租车司机已经不省人事了。

奥利尔和彼得使足力气，齐声喊着号子，想使劲拉开车门，但因为车子变形，车门根本拉不动。两人又想从车窗里把司机拉出来，但是司机被卡住了，怎么也拉不出来。正当奥利尔和彼得以为出租车司机已经没救准备离开时，满脸是血的司机却突然对他们说："伙计，谢谢你们……车子可能马上就会爆炸，你们别管我了，快走吧！"话刚说完，奄奄一息的司机的头就又歪向了一边。

奥利尔和彼得见司机还能说话，他们认为自己绝不能见死不救。于是一起安慰那个司机说："你忍着点儿，我们一定把你救出来。"这时候，火势已经越来越大，车子油管早已经断裂，车身发烫，车里浓烟弥漫，下一秒就有可能发生爆炸。哥哥奥利尔感觉情况不妙，要弟弟彼得先走。但彼得没理哥哥，他知道哥哥的性格：如果救不出那个司机，哥哥是不会半途而废的。彼得本想叫哥哥离开，但时间又不允许他推让。于是，彼得抢先一步爬进了驾驶室。彼得爬进去的那一刻，奥利尔非常后悔自己没有抢在弟弟之前钻进车里。但现在，他只能在车下一边喊住路人不要靠近，一边配合弟弟彼得。

眼看火苗就要接近油箱了，再不救出司机，他们3个可能都会死。就在这时，奥利尔和彼得感觉身边突然又多了一双手，一个20岁左右的年轻人没有听从旁人的警告，也加入进来了。绝望的奥利尔和彼得心里重又升起了希望，手上也就更有劲儿了！

30秒，40秒，60秒……3个年轻人终于将司机拖出了车厢。等到他们把司机架到人行道上，还没来得及喘口气，爆炸声就在身后响起来了。当他们回头看时，身后已是碎屑四起、浓烟滚滚。

惊心动魄的救人过程只有不到8分钟，而意味深长的是事后人们对他们的追问。

有人问后来加入的年轻人："那两位救人的兄弟叫路人不要靠近，你为什么这么勇敢？"年轻人说："他们身处危险中，却叫我们不要靠近，我怎么能见死不救呢？"

有人问哥哥奥利尔："火苗就快蹿到油箱了，你没想过要跑吗？"奥利尔说："司机和我弟弟都在车里头，我能跑吗？"

有人问弟弟彼得："你哥哥让你走，你为什么不走呢？"彼得说："车上的人还活着，我哥哥也没走，我怎么能迈得动脚呢？"

有人问劫后重生的出租车司机："你醒过来的那一刻，为什么说的不是救救我，而是让别人赶快离开。"司机激动地说："当我感觉到有人在救我时，我非常感动，心想：死前一定要向救我的人表达谢意，一定要提醒他们车子马上会爆炸，让他们早点儿远离！"

男孩要懂的道理

人遇到困难的时候，总希望有个人能帮自己一把。如果别人帮助了你，那么对你来说就是最大的幸运，也是你应该牢记的最大恩惠。所以，当有一天别人也同你一样身处困境时，你也要去无私地帮助别人，而不是袖手旁观，因为别人同样也会牢记你的恩惠。惠人惠己，就是这个道理。

快乐成长金钥匙

助人让自己更快乐

很多时候，在生活中我们和别人都会遭遇困境，在别人需要帮助的时候，我们要学会去帮助别人；在我们遇到困难、别人帮助我们时，也要对别人表示感激。

一句和善的话，一个温暖的微笑，对我们来说并不是很难，关键在于你有没有真诚地去做。朋友遇到困难的时候，你会毫无怨言地帮助他吗？陌生人向你问路的时候，你会冷漠地别开脸吗？可见，做一个乐于助人、知恩感恩的男孩并不难，只要你从日常生活中的一点一滴做起，你就会感受到助人带给你的快乐。

人与人之间都是相互联系的，当有一天你遭遇困境时，会有很多你曾经帮助过的人来帮助你，这是他人对你的"回报"。

1次挫折是失败，100次挫折便是成功

世界足球名将大卫·贝克汉姆小时候的梦想并不是成为一名出色的足球选手，而是成为一名越野赛车的选手。对于儿子的这个梦想，全家人都很支持，为了让贝克汉姆加入车队，一家人省吃俭用给他交清了所有的费用。加入车队后不久，贝克汉姆就迎来了一次机遇，著名的Essex越野跑车大赛将在4个月后举行。但贝克汉姆错失了报名的机会，不过，车队的老板希望能借助这次比赛，把自己车队的名气打出去。所以，为了能够拥有参赛资格，老板买了许多礼物，去拜访大赛的组织者亨特里先生。

遗憾的是，亨特里先生拒绝了车队老板，最后老板只好提着礼物沮丧地回来了。之后，老板又派了几个得力的助手去拜访，还是无功而返。于是，很多选手在车队的内部会议上垂头丧气地说："难道我们眼睁睁地错失这次机会吗，这次Essex越野跑车大赛对我们真的很重要。"这时，年轻的贝克汉姆自告奋勇地说："老板，让我去试试吧，我相信我能拿到这个名额。"大家都对这个乳臭未干的男孩嗤之以鼻，老板也不屑地说："小子，就连我去都被无情地拒绝了，你确信你能说服他？"

"我可以立下军令状，不过你要答应我，如果我顺利办成这件事情，你要让我代表车队出战。"贝克汉姆拍拍胸脯。老板见贝克汉姆如此自信，就爽快地答应了他。

这天，贝克汉姆拿着老板给的地址，顺利地找到了亨特里的别墅，但是却被保姆拦在了门外。"你好，"贝克汉姆客气地拿出车队的名片说，"请转告亨特里先生，我想和他聊聊赛车。"不一会儿，保姆走了出来说："抱歉，先生说，你们已经来过几次了，以后没有必要再联系了。"这时，贝克汉姆只是笑着说："没关系的，请转告亨特里先生，我明天还会来的。"

次日一大早，贝克汉姆就来到了亨特里的别墅前，他准时在8点钟敲响大门，依然是保姆接待的。贝克汉姆笑着说：“麻烦转告亨特里先生，我想和他聊聊赛车。”看着眼前这个执着的小伙子，保姆不忍心再拒绝他，就马上进去汇报了，但几分钟后，保姆并没有为贝克汉姆带来好消息，亨特里先生还是不愿意见他。不过，贝克汉姆依然信心百倍地说：“我明天还会来的。”

之后的3个月里，贝克汉姆雷打不动地天天都来亨特里先生家“报到”，甚至周末的时候，他还坚持一天过来拜访两次，尽管他一次都没见到亨特里先生。

一个下雨的夜晚，依然没有放弃的贝克汉姆再一次过来了。这次，还是保姆开的门，保姆有些无奈地说：“孩子，这几个月来我已经给你算过了，加上这次，你已经来过整整100次了。此刻亨特里先生正在看球，我想他应该不会见你。”不过，保姆的这句话却让贝克汉姆眼前一亮，原来亨特里先生还是名铁杆球迷，于是贝克汉姆走到大厅里说：“亨特里先生,我今天不跟你谈车，我们谈谈足球吧。”虽然还没有见到亨特里先生的面，但是贝克汉姆听到亨特里房间里的电视声音弱了很多时，他开始大谈英格兰足球和自己的雄心壮志。

几分钟后，亨特里先生的房门打开了，他走了出来，对贝克汉姆说：“小伙子，你是位对足球有深刻见解的人，我相信像你这样执着的人，未来一定是一片璀璨。所以，现在我很愿意与你谈谈这次比赛的细节。”在接下来的两小时里，两人在书房里谈妥了贝克汉姆车队参加Essex越野跑车大赛的所有细节。

Essex越野跑车大赛在一个月后如期举行，贝克汉姆凭借出色的表现摘得了Essex越野跑车大赛的冠军。很多年后，当贝克汉姆成为足球场上最出色的球员时，任意球和长传技术成了他赛场上屡战屡胜的法宝，不过，这一切都是他坚持不懈、不畏挫折、不断努力得来的。

在一次球迷见面会上，有很多球迷问贝克汉姆他成功的秘诀，贝克汉姆是这样说的："我想告诉你们的是，这个世界上没有什么比坚持更厉害的武器了，我要送给你们一句话，同时也是我人生的总结——1次挫折是失败，100次挫折便是成功。"

男孩要懂的道理

挪威著名剧作家易卜生说过："不因幸运而故步自封，不因厄运而一蹶不振。真正的强者，善于从顺境中找到阴影，从逆境中找到光亮，时时校准自己前进的目标。"可见，挫折可以激发一个人的勇气和斗志。当你学会勇敢地面对挫折，那么你便具有了重新认识自我、塑造自我的力量，为你的发展带来更多的机遇。

快乐成长金钥匙

如何面对人生中的打击

一年有春夏秋冬的自然轮换，一天有白天黑夜的循环，无论你愿意与否，很多事情都不是人力能够阻止的，而且很多时候还会出现许多意外打击。所以，当你的人生遭遇打击时，不要抱怨满怀，换个角度去想，你会发现挫折也会让你有所收获，而且坦然地接受一切打击，会让你变得更豁达、更智慧。面对突然的打击，你可能会痛苦悲观，把绝望埋在心里，但你也可以选择大声说出来，然后改变你自己，找到扭转局面的契机。永远不要让自己成为被挫折与磨难打击的对象，你的内心可以很强大，你的选择可以很多样，你的命运永远掌握在你自己手中。

心存感恩，仁爱天下

郭沫若是我国著名的诗人、剧作家，他4岁半便进"绥山馆"读书。

他在这里度过了8个春秋。在私塾先生的训导下，郭沫若读了《唐诗三百首》《千家诗》等许多古书。因此，他不到7岁就已能写出很不错的对联和诗词。

郭沫若在少年时代就是一个懂得感恩、有爱心的孩子，经常帮助家庭困难的同学。有一天，他碰到在乐山太平场读书的好友余童生，只见余童生表情沮丧，仔细一问，才知道他因交不起学费，被迫退学了。郭沫若心想："小余聪明好学，很有抱负，如果中途辍学，多可惜呀！"于是，他安慰小余说："别难过，我去找私塾先生求求情，让他免费收下你。"说罢，他当场写了一副对联，送给了私塾先生。

谁知，私塾先生接过对联，只看了两眼就扔到了一边。郭沫若急了，又研墨挥笔，作了一首七绝《怜余童生》："学海茫茫庭院森，无银不敢拜大成。吾望吾师施恩典，同病相怜应有人。"

私塾先生读了这首情深意切的七绝诗，深受感动，不久就免了余童生的学费，使他得以继续念书。

男孩要懂的道理

仁爱之心能化解人情的冷漠，仁爱之心能融化冰封的情感，仁爱之心能终止残暴的战争，仁爱之心能加深人与人之间的联系。一个具有仁爱之心的男孩，他必定是善良的、友爱的，而仁爱之心也会帮助男孩成就事业、彰显魅力。

快乐成长金钥匙

用一颗仁爱之心去爱人

仁爱，一直都是中华民族的传统美德。一个人只有学会大爱于人、大爱于天下，才能真正体会到亲子之爱、手足之情、同胞之谊。

不过，现实生活中有些男孩不会或者不愿为别人付出爱心，害怕去承担责任，害怕自己的付出被别人认为是自我表现。例如，有些男孩不愿意热心地去帮助同学，害怕别人说自己在“拍马屁”；有些男孩觉得帮助别人，自己就应该获得回报，最好能够大于付出的价值；等等。

其实，热情地去帮助别人是男孩为人处世应有的表现；而帮助别人不应该怀有让人回报之心，因为有一天你也可能需要别人的帮助；有些人可能是不小心伤害到你，或者你们彼此之间存有误会，这时候就需要你用一颗仁爱之心去原谅和关爱别人，要懂得明辨是非。

所以，做一个具有仁爱之心的男孩，在你付出了爱心的同时，得到的是别人加倍的尊重与爱戴。

仁爱的传播

1782年，丹尼尔·韦伯斯特出生于新罕布什尔州萨林斯堡的一个边地农场索尔茨伯里。他的父亲埃比尼则·韦伯斯特是一位著名的法官和独立战争时期的爱国者。丹尼尔自幼就是一个勤学好问、兴趣广泛的孩子，成年后的丹尼尔·韦伯斯特成为19世纪早期美国最有名望的政治家与演说家，他还是一位大律师，更在1841年出任美国国务卿。

童年时期的丹尼尔就是一个十分懂得尊重生命的男孩。有一天，在离自己家不远的一个小山脚下，一只土拨鼠刨了一个洞穴。每到深夜，这只土拨鼠就会溜出洞穴，偷吃丹尼尔家菜园里的卷心菜和其他蔬菜。

丹尼尔和哥哥伊齐基尔决定捉住这只可恶的偷菜贼。但是狡猾的土拨鼠让两个小家伙费了许多心思，才捉住了它。不过，对如何处理这只土拨鼠，两人的看法却大相径庭。

哥哥伊齐基尔义正词严地说：“这只可恶的土拨鼠干了许多坏事，我要将它处死。”

但是小丹尼尔却反对说：“不，哥哥，我们不能伤害它。我们应该把它送到山上的森林里，然后放了它。”

意见不统一的兄弟俩越吵越激烈，最后他们商量由父亲来决定这只土拨鼠的命运。于是，他们拎着装土拨鼠的笼子，找到父亲。

作为大法官的父亲看着争得面红耳赤的两个儿子，沉思了一下说：“孩子们，你们看这样解决问题怎么样？我们3人可以设立一个模拟法庭，我当法官，你们俩当律师，一个指控土拨鼠，一个为它辩护，然后我再根据你们两人的辩论做出公正的判决。”两个小家伙同意了父亲的主意。

首先，哥哥伊齐基尔作为起诉人发言。他列举了这只土拨鼠的大量劣迹，并且以常识说明土拨鼠的本性是改不了的，所以决不能“放虎归山”，否则就会“后患无穷”。他还提到为了逮住这只土拨鼠，他们投入了多么巨大的时间和精力。伊齐基尔强调，如果这次放了土拨鼠，那就等于纵容犯罪，它根本不懂得知错就改，相反会变本加厉，做出更多的坏事来。

伊齐基尔最后还说，土拨鼠的皮可以卖10美分。虽然这笔钱不多，但至少可以补偿一点儿它偷吃卷心菜给自己家造成的经济损失。如果将它放了，那么家里的损失一分钱也挽回不了。哥哥伊齐基尔的发言有理有据，让“法官”父亲频频点头。

虽然哥哥的发言看似无懈可击，但丹尼尔还是决定为挽救土拨鼠的生命而辩护。他严肃地看着“法官”说：“土拨鼠和我们一样生活在这个世界上，它虽然是不起眼的动物，但同样具有享受阳光和空气的权利，它也有行走在田野和森林里的自由。”顿了一下，丹尼尔继续说道：“我们拥有数不清的食物，甚至可以将天上飞的、水里游的、地上走的都当成盘中餐，难道我们就不能拿出一点儿食物与可怜的小动物分享吗？”

丹尼尔的反问引起了“法官”和另一名“律师”的沉思。

丹尼尔没有停止，继续说：“土拨鼠和那些凶残的动物不同，它没有给我们造成什么伤害，只不过是偷吃了一些卷心菜，但为了生存，这也是没有办法啊！一个洞穴和一点点食物就已经能够满足它了，我们凭什么说它不能拥有这些呢？难道看着它恳求的目光和因为害怕而颤抖的身子，我们不应该有怜悯之心吗？再说，它不会说话，无法张嘴替自己辩护，只能用偷菜的方式为自己宝贵的生命求得继续存在的机会。我们怎么能狠心处死它呢？我们还要为弥补那么一点点经济损失而剥夺一个和我们同样生活在地球上的生命吗？”

父亲听到这儿，竟忍不住两眼饱含热泪，他说道：“伊齐基尔，放了土拨鼠!”然后，他走上前，抱住了丹尼尔。他为这个儿子感到自豪，相信总有一天丹尼尔会名扬天下。

男孩要懂的道理

地球上任何的生命都应该是平等的，你没有权力去扼杀别人的生命，更没有权力去剥夺别人的生存权。相反，你应该学着珍惜大自然中的每一个生命，因为你的生活正是因为有了这些生命才会更加丰富多彩。

快乐成长金钥匙

感恩生活，尊重生命

法国著名思想家罗曼·罗兰说过：“世界上只有一种英雄主义，那就是了解生命而且热爱生命的人。”没错，现实中有很多男孩都希望自己成为大英雄，但真正的大英雄是一个懂得感恩生活、尊重生命和热爱生命的男子汉。

当你学会尊重大自然中的每一个生命，感恩生活赐予你的一切，那么即使你身无分文，也会感到无比富有。因为你能呼吸到空气，感受到阳光的温暖，还能闻到花香，小猫小狗也会成为你最忠实的朋友，小鸟小鱼也能为你驱散心灵的孤寂，小花小草也能让你展露笑容……

所以，不要小看那些看似卑微的生命，也不要轻易地去咒骂和摧残生命，学着感恩生活，学着尊重生命，用一颗善良而乐观的心迎接每一个灿烂的日子。

第八章

用宽容做人生的底色

懂得宽容，男孩便有了容纳天下万物的气魄；懂得宽容，男孩便明白原谅别人是快乐的来源；懂得宽容，男孩才会克制私欲；懂得宽容，男孩才会更加理解和善待别人。一个懂得用宽容做人生底色的男孩，他的世界一定是充满尊重、信任、友好等美好色彩的。

林肯的智慧

1860年，大银行家巴恩在总统大选结束后的几个星期，偶然看见参议员萨蒙·蔡思从林肯的办公室走出来，于是他诚恳地对林肯说：“尊敬的总统先生，您最好不要将此人纳入您的内阁。”林肯不解地问：“巴恩先生，你为什么这样说？”巴恩回答：“因为萨蒙·蔡思一直认为他比您更伟大。”林肯说：“哦，那你还知道谁和萨蒙·蔡思一样，认为自己比我伟大吗？”巴恩摇摇头说：“不知道了，总统先生。但您为什么要这样问呢？”林肯笑着说：“很简单，因为我想把他们全都收入我的内阁。”

为什么巴恩会这样对总统先生说呢？其实，参议员萨蒙·蔡思的确是个自傲狂妄的家伙，但他也的确很有才能。林肯十分器重蔡思，还任命他为财政部长，并努力修复和他的关系，减少与他的摩擦。

萨蒙·蔡思对最高领导权有着狂热的追求心，而且他忌妒心很重。事实上，萨蒙·蔡思一直想要入主白宫，但却败给了林肯，他不得不选择另一条路，成为举足轻重的国务卿。可这一次，他的期望依然被林肯打破了，西华德被林肯任命为国务卿，而萨蒙·蔡思只好坐第三把交椅，对此，他激愤不已，对林肯更是怀恨在心。

《纽约时报》主编亨利·雷蒙特目睹过萨蒙·蔡思的种种行为，并收集了关于他的大量资料，然后带着这些“罪状”拜访了林肯，并特意告诉他萨蒙·蔡思是如何地觊觎总统之位、如何地在背后搞小动作。林肯却并不在意，他笑着说：“雷蒙特，你不是在乡村长大的吗？那么你一定知道什么是马蝇了。有一次，我和我的兄弟在肯塔基老家的一个农场地里干活儿，我吆喝马，他扶犁。但那匹马很懒，高兴的时候就干劲十足，不高兴的时候你怎么打它、怎么和它说好话，它都不动。后来，我发现一只很大的马蝇叮在马身上，出于好心我就把马蝇打落了。但是我的兄弟却责怪我做了一件不正确的事，因为正是有了马蝇，马才会跑得很快。如果对总统职位的渴求欲望能够使蔡思先生不断地努力，我为什么要去打落它呢？”雷蒙特这才明白，林肯总统不但心胸广大，而且颇有用人智慧。

男孩要懂的道理

智慧的男孩会用宽容的心对待所有的人，尤其是自己的对手或者敌人。因为宽容不但可以体现自己的度量，而且有时能够把对手变成朋友。如果你想取得更卓越的成就，那么一定要具有巨大的心量，因为心量是决定你能否实现理想和愿望的基本条件。

快乐成长金钥匙

如何做一个心量大的男孩

佛家对“心量大”是这样解释的：“心包太虚，量周沙界。”不论是伟大的人物，还是普通人，都应该具有宽大的胸襟，这对自己的人际关系和事业发展都很有帮助。

通常来说，一个男孩心量的大小决定了他未来舞台的大小。因为心量大的人不但具有“宰相肚里能撑船”的包容之心，而且肯吃亏，有着奉献精神，并不喜欢和人争斗，处事淡然，不会因为一些小事就斤斤计较。这样的男孩自然会获得他人更多的好感、信任与拥护，也会因为自己的宽容减少很多敌人，多出很多朋友。

要做一个心量大的男孩，首先，你要有容人之量，要有处世的大智慧，面对别人的挑衅或者破坏，要学着去宽恕，这样的男孩必定会为自己聚拢很多人气。

其次，你要保持一颗平常心，不要被名利荣誉所迷惑，降低自己的物质欲望。有很多心量狭小的男孩，他们往往会因为金钱、地位、荣誉等和别人产生隔阂，因为他们太看重这些浮华的东西，所以会有攀比、忌妒等心理。因此，要做一个心量大的男孩，你必须对名利浮华保持一颗平常心。

雅量容人才会更成功

被人们称为“美国独立巨人”的约翰·亚当斯是美国历史上的第一位副总统、第二位总统，他自幼聪慧过人，享有“神童”的美誉。亚当斯20岁时就获得了哈佛大学法学院的学位，并成了一名受人尊敬的律师。约翰·亚当斯为美国的独立立下过汗马功劳，他与华盛顿、杰斐逊一起被誉为美国独立运动的“三杰”。

约翰·亚当斯不但是一位出色的国家领导人，同时他的大度雅量也成为人们尊敬他的重要理由之一。当年，亚当斯在接替华盛顿就任总统时，美国与法国的关系正存在破裂的危险，甚至到了1797年年底，美、法两国已经到了剑拔弩张、一触即发的交战前夕。

打仗看来是不可避免了，那么应该由谁来担当领导美军的最佳统帅指挥呢？很多人建议由亚当斯亲自统率军队，但亚当斯非常明白，要想打胜仗，他并不是合适人选，因为他并不具有军事上的特别才能。几经思索，亚当斯认为只有前任总统华盛顿才是能够唤起美国军魂、团结全美人民的统帅。于是，他下定决心请华盛顿出山。

亚当斯的这一决定，无疑会引起其亲信们的反对。他们认为，一旦深得美国民众的前任总统华盛顿复出，那么他会再次唤起美国人民对他的崇敬和留恋，这对现在的总统亚当斯来说是一个威胁，会对他的威望和地位造成不良影响。

但是亚当斯毫不动摇，在他的心中，国家利益高于一切，他必须为这场即将到来的战争找到最好的统帅。于是，他授权汉尼尔顿立即给华盛顿写了一封信，请求前任总统华盛顿再次担当大陆军总司令，指挥美军打败法国侵略者。同时，他又亲自给华盛顿写了一封信。信中诚恳地写道：“当我想到逼不得已要组织一支军队时，我就犹疑不定，是该起用老一辈将领，还是选用一批新人，为此我不得不随时要向您求教。如果您允许，我们必须借用您的威名去动员人民，因为您的名字要胜过一支军队。”接到信后的华盛顿备受感动，表示愿意立刻肩负重任。不过，这场一触即发的战争幸运地在华盛顿准备率军出征的前夕，因为亚当斯的外交斡旋而同法国达成了和解。

随即，这件事成了美国民众争相传颂的事情，亚当斯的正直与豁达也为他赢得了更多的人心。后来，有位记者问亚当斯：“总统先生，您为什么不怕华盛顿复出会再次唤起美国民众对他的崇敬和留恋，进而威胁您的威望和地位？为什么您敢于起用比自己更优秀的人呢？”

亚当斯总统并没有直接回答这位记者的提问，而是给对方讲起了自己少年时代的一件往事：

亚当斯小时候，父亲要他学拉丁文。但是亚当斯觉得拉丁文非常无聊，所以他很不高兴地向自己的父亲表示，自己不喜欢拉丁文，让父亲给他换个别的事情做。父亲同意了他的要求，让他去挖水沟，因为牧场需要一条灌溉渠道。于是，亚当斯就真的去给牧场挖水沟了。可是，一向只拿笔杆不拿铁锹的人，怎么能承受这么大的劳动量呢？当天晚上，亚当斯就后悔了，但生性倔强的他，即使累得散了架也不愿去向父亲认错。第二天早上，他又咬紧牙关干了一天。但傍晚的时候，他就不得不承认疲惫压倒了他的倔强。第三天，他就回到了学拉丁文的课堂上。从那之后，亚当斯渐渐明白了一个做人的道理：人必须承认自己不是无所不能的，要有自知之明，知道“尺有所短，寸有所长”。

最后，亚当斯深有体会地对那位记者说：“真正优秀的领导者，不一定事必躬亲，而是要学会知人善任，尤其是敢于起用比自己更优秀的人才。如果高层领导者事无巨细，大包大揽，那只能成为费力不讨好的勤杂工式的领导者。”

亚当斯正是因为学会知人善任、雅量容人，才能凭借众多的优秀人士，尤其是那些比自己更优秀的人才，一步步地攀登上了成功的巅峰。

男孩要懂的道理

“盛开的榕树可以容众乘凉，自然千年长青。有宽容别人的心量，福泽大又长久。”这是佛学家方海权说过的一句话。因为宽容的人心胸才会变得更宽广。假如男孩整日被抱怨、不甘、仇恨蒙蔽双眼，那么他的心中只有愤怒的急躁之火，根本不能静下心来享受生活的美好。唯有一颗宽容的心才能令男孩保持淡定、豁达、宁静。

快乐成长金钥匙

如何学会宽容

“宽容就像天上的细雨滋润着大地。它赐福于宽容的人，也赐福于被宽容的人。”这是莎士比亚的一句名言。当你学会宽容别人，你自己也会感到心灵的放松与豁然开朗，而别人也会因为你的宽容对你充满感激与尊敬。那么，如何真正地拥有一颗宽容之心呢？

首先，你要学会善待别人。人与人之间都是平等的，你善待别人，也就是善待自己。当你对他人多一份宽容、理解和善意，在一定意义上，也是在帮助和支持你自己。因为别人对你的理解和宽容会心存感激，会为你今后的成功提供助力。

其次，你要学会理解别人。每个人身上都有缺点和不足，只要对方不是表现得太过分，你就应该多些理解和宽容。有时，你只要用一颗平常心去站在对方的角度想一想，就会更容易理解和宽容别人。

最后，你要学会经常亲近大自然。辽阔的大海、宽广的草原、一望无际的蓝天、清澈的溪流、万紫千红的花朵、悠闲穿梭的蜂蝶……大自然的美丽景色与生机勃勃会让你变得心胸开阔，所以，经常亲近大自然，你自己也会变得更加宽容和愉悦。

以德报怨

以前，堪萨斯州的一个小镇有一对邻居，一个叫罗德，一个叫威利。不过，他们可不是什么好哥们儿和好邻居，虽然谁也搞不清是为了什么，但他们就是看彼此不顺眼，似乎结仇很久了一样。

罗德和威利之间时有口角发生，尽管在商店买东西时或者在院子里开剪草机修剪草坪时，两人都会常常碰在一起，但他们通常连招呼也不打，甚至还会互瞪一眼。

有一年夏天，罗德和自己的女友去芬兰度假。刚开始，威利并不清楚罗德离开了，反正两家本来就势如水火，眼不见心不烦，走了更让他清静。

但是一天威利下班回家，注意到罗德院子里的草已经长得很高了。由于自家草坪刚刚修剪过，所以罗德家高高的草就特别显眼。

对于路上的行人来说，罗德很显然不在家，而且看草的高度说明房子的主人一定是已经离开很久了。威利想，这不是公开邀请盗贼光顾吗？于是一个想法突然在威利的脑海中闪出来。

看着罗德院子里那块杂乱无章的草坪，威利心里是真不愿意帮助自己不喜欢的人，但想要去帮忙的念头又总是挥之不去。于是，第二天斗争的小天使终于战胜了小恶魔，威利起了个大早，趁自己意志还坚定，就把罗德院中那块长疯了的草坪修剪好了。

一个星期后，罗德度假回来了。他回来不久，威利就看见罗德在街上走来走去，他在整个街区每所房子前都停留过。

最后他敲了威利家的门，威利开门时，罗德站在门外盯着他，脸上露出奇怪和不解的表情。

过了很久，罗德才说话：“威利，你帮我剪草了？”这是罗德很久以来第一次叫威利的名字。“我问了所有的人，汤姆说这是你干的，是真的吗？是你帮我剪草了吗？”他的语气几乎像是在责备。

“是的，罗德，是我。” 威利说。

罗德站了片刻，像是在考虑要说什么，最后他用低得几乎听不见的声音嘟囔着说了声“谢谢”，马上转身走开了。

罗德和威利之间就这样打破了沉默。他们还没发展到一起去酒吧喝酒、看球的地步，他们之间也没有因为借点儿什么东西而频繁地走动，但他们的关系却在改善。至少，当剪草机开过的时候，他们相互之间有了笑容，有时甚至还会说一声“你好”。

说不定什么时候他们就会坐在一起聊天，谁知道呢？他们或许会分享同一杯咖啡，这只是迟早的事情。

男孩要懂的道理

有时候，因为某种原因你可能被别人有意无意地伤害过，要原谅对方真的很难。但如果你能大度地去宽恕别人，那么在别人眼中你就是了不起的男孩，你的气度会为你积累更多的人气。

快乐成长金钥匙

宽恕，让你更快乐

有人说：“要善用宽容和换位思考，大方地原谅他人所犯下的过失。人非圣贤，孰能无过，每个人都有犯错的时候，给对方一个改过的机会，给自己一个轻松面对的理由。相逢一笑中，其实，原谅或不原谅，已经不那么重要了。”没错，宽恕别人，尤其是宽恕那些曾经伤害过自己的人确实很难。其实，人过不去的永远都是自己那一关，只要能大度地原谅对方，就不会被恼怒、委屈等负面情绪所左右，从而让你自己感到更快乐。

有人曾这样总结了宽恕别人给自己带来的好处：宽恕别人会让你卸下心灵包袱，减轻压力；宽恕别人会让你消除对对方的敌意；宽恕别人会让你控制愤怒；宽恕别人会让你稳定心律；宽恕别人会让你拒绝抑郁；宽恕别人会让你减少身体不适；宽恕别人会扩大你的人际交往圈；宽恕别人会让你家庭和睦等。

由此可见，宽恕别人对你来说真是一件非常有益的事情，而且还会让你更加快乐和幸福，那么何乐而不为呢?

最高尚的事情

很久以前，有一位叫奥布里的老国王，因为膝下无子，他决定在百年之后将自己的王位传给一个年轻有为的大臣。

有一天，奥布里把3位同样优秀的大臣博格、塞西尔和克拉伦斯叫到跟前说：“我已经越来越老了，为了我的臣民，我决定把王位传给你们中的一个，但你们必须到外面去游历一年。一年之后，你们要回来告诉我这一年内所经历的一切。只有那个真正做过高尚事情的人，才有资格继承我的王位。”

一年后，博格、塞西尔和克拉伦斯回到了王宫，他们来到国王的病榻前，把自己这一年来在外面的所见所闻、所思所想都一一告诉了国王奥布里。

博格兴致勃勃地说：“国王陛下，我在游历期间，曾经遇到一个十分信任我的陌生人，他请求我把他赚来的一袋金币带给他住在另一个镇上的妻子。一个月后，当我游历到那个镇上时，我把金币原封不动地给了他的妻子。”

奥布里欣慰地说：“博格，你做得很对，但诚实是做人应该具有的基本美德，这并不能称得上是高尚的事情。”

塞西尔接着说：“国王陛下，我曾经旅行到一个小村落，正巧碰到一群凶恶的劫匪，他们正在抢夺村民的东西，于是，我冲上去帮助村民们赶走了劫匪，保护了他们的财产。后来我留在那里两个月，帮助他们组建了一支自卫队，以保证那里的长治久安。”

奥布里点点头说：“塞西尔，你做得很好，但临危救人是作为大臣的责任，还称不上是高尚的事情。”

克拉伦斯迟疑地说：“国王陛下，一直以来我都有一个仇人，他总是想方设法地陷害我，有很多次我都差点儿死在他的手上。这次我出外旅行，有一天夜幕降临的时候，我独自骑马走过一道悬崖，发现我的仇人正痛苦地倒在悬崖边的一个草丛里，此时，只要他不小心一翻身，就会掉入万丈深渊。后来，我才知道他是经过长途跋涉饿昏在那里的。我轻轻唤醒了他，不但把我的食物和水分给了他，而且还带着他一起继续赶路。后来，我们准备渡过一条小河时，有一只凶猛的老虎从旁边的树林里蹿出来，扑向我，正在这万分危急的时刻，我的仇人突然从身上抽出一把利刃，他一刀就杀死了老虎。我问他为什么要救我的性命，他说：‘是你救我在先，你的仁爱化解了我的仇恨。’这……这实在是不算做了什么高尚的事情。”

奥布里摇摇头，笑着说：“不，克拉伦斯，你能帮助自己的仇人，而且化敌为友，这是多么了不起而高尚的事情啊。克拉伦斯，从今天起，你就是这个国家新的国王了。”

男孩要懂的道理

天空容纳雷声的嘶吼，山谷容纳洪流的奔腾，大海容纳浪花的嬉闹，这些是大度，而人能容纳仇敌，并能化敌为友，是真正的大度。其实，人与人之间的仇恨往往是我们制造出来的，同样，我们也可以制造友情，所以，学会容纳仇敌，化敌为友，才是解决问题的最佳方法。

快乐成长金钥匙

让爱与宽容温暖对手

德国哲学家叔本华说过：“如果有可能的话，不应该对任何人有怨恨的心理。”没错，我们不应该仇视别人，尤其是我们的对手，因为对手也可能是我们不可或缺的朋友，正如爱尔兰政治家埃德蒙·伯克说的那样：“同我们角斗的对手强健了我们的筋骨，磨炼了我们的技巧，我们的对手就是我们的帮手。”可能很多男孩会问：“我平白无故地就被他人伤害和欺侮，难道不应该以牙还牙地报复吗？”报复是这个世界上最愚蠢的一种行为，如果你存心报复别人，那么你受到的伤害可能比别人还要大。报复会让原本好端端的男孩走向疯狂的边缘，而且心理学家通过研究证实：高血压、胃溃疡、心脏病等疾病就是人们长期积怨和过度紧张造成的，换句话说，报复会损害人的身体健康。所以，为了你的身心健康，你不应该想着报复对手或者那些惹你不快的人，而是应该用爱与宽容去化解你们之间的矛盾与冲突。

其实，爱与宽容是治愈一切伤痛的灵丹妙药。如果你能给对手一些爱与宽容，给那些曾经伤害过你的人一些理解与包容，那么你便拥有了处世的大智慧，而且因为你的“以德报怨”，人与人之间的良好关系又开始重新建立，美好与信任的感觉又回到彼此之间，难道这不比仇恨更让人值得拥有吗？所以，试着给你的对手一些爱与宽容吧！

请你先上吧

埃蒙德·希拉里是新西兰最著名的登山家，他自幼就非常喜欢登山和探险活动，从中学时代就开始登山探险的实践。1953年5月29日，埃蒙德·希拉里和他的向导尼泊尔夏尔巴人丹增·诺盖突破人类极限，成功登上珠穆朗玛峰。据说，在两人征服世界之巅的过程中，还发生了这样一件事情。

这天，埃蒙德·希拉里和丹增·诺盖历经了千辛万苦，终于，珠穆朗玛峰峰顶距他们只有几米之遥了，在他们之前，世界上还没人到过这样的高度。

此时，无论是埃蒙德·希拉里还是丹增·诺盖，只要谁先往前奔走几步，谁就能成为“世界第一”，在自己的人生历程中画下最灿烂的一笔。

可是埃蒙德·希拉里却对丹增·诺盖说：“这是在你的家乡，请你先上吧！”

老实厚道的丹增·诺盖并不明白这一步的意义，他只是为了钱才来帮助这个远道而来的登山者的。其实，戴着氧气罩的丹增并没有听清楚埃蒙德说了些什么，他只是从对方恭敬的表情和谦让的手势中明白了他的意思。于是丹增·诺盖往前走了几步，登上了珠穆朗玛峰之顶，在那里留下了人类的第一个脚印。埃蒙德·希拉里随后跟上，两人激动地在世界之巅紧紧拥抱，高呼着：“我们成功了！”

男孩要懂的道理

私欲是最可怕的东西，它能摧毁美好，显露丑恶，也是人最难战胜的心魔。当你有一天战胜了自己的私欲，那么世界上便没有什么是你不可战胜的。如果在与人交往的过程中，你总是表现得非常狭隘和自我，那么很容易就会伤害自己和他人之间的感情，出现一些不必要的矛盾和冲突。所以，克制私欲吧！

快乐成长金钥匙

怎样才能克服私欲

如果一个男孩的心里充满了私欲，就容易被他人孤立。心胸气度狭小又自私的男孩只会惹人厌烦，人们真正喜欢的是那些宽容、无私的男孩。那么，怎样才能克服私欲呢？

首先，要走出自己狭窄的小圈子，多交一些朋友，并且学会宽容和理解别人。和不同的人相处，你会获得不同的认识，而且可以积累很多做人的经验，从中明白一些为人处世的道理。如果你对别人能多些理解和宽容，那么就会避免很多矛盾的发生。

其次，要不断开阔自己的视野。因为一个人知识丰富了、眼光长远了，他的胸怀自然也开阔了，对人对事自然也少了很多计较。所以，平时你不妨多参加一些公益活动，多参观一些有意义的展览等，这些都会让你领悟到很多做人的道理。

最后，要学会淡化自我。一个太以自我为中心的男孩，就会显得很自私、小气，对别人的一言一行过度敏感，从而使自己和朋友的关系越来越疏远。所以，你要不断淡化自我，多谦让和善待别人，当你淡化了自我，减少了对别人的计较，心胸自然就变得宽广了。

不为小事斤斤计较

一个星期日，扎克利去洛杉矶买圣诞节礼物，同时也想为女朋友安娜买一套晚礼服。那天，他吹着口哨心情愉快地出了门，准备乘早班车去洛杉矶。因为是周末，车上的人很多，不过扎克利觉得自己还是很幸运的，因为他找到了一个座位。

车子行进一段时间后，扎克利身边的座位换成了一个穿着邋遢的中年男人，可能是因为赶早班车，这个男人手里还拿着汉堡包和一杯果汁，而且他的身上还有一股怪味。

扎克利是一个有点儿小洁癖的男人，他虽然很讨厌坐在身边的这个像乞丐一样的男人，但还是忍了下来。突然司机一个急刹车，邋遢男人手中的果汁不小心洒在了扎克利身上，橘红色的果汁洒在白色的衣服上显得特别明显。扎克利怒气冲冲地说："你怎么这么不小心，这可是我新买的衣服！"那个男人马上不好意思地说："对不起，先生！我真的不是故意的，由于刹车太急，我没有掌握好平衡！"

"对不起？你没看车上这么多人吗？为什么不拿好你手里的东西，明知道果汁会洒，为什么不喝完再上车？"扎克利依然怒气未消。

"我真的不是故意的，抱歉！因为我有急事，所以没吃早餐，我才买了带着的……”那个男人着急地解释。

“谁没有急事！真是太可恶了，司机，你是怎么开车的！”扎克利开始把矛头指向开车的司机。

“对不起，先生！刚才有只小狗突然冲出来，我才急刹车的。真的对不起！”司机也语带歉意地说。

“真是太倒霉了，我可怜的衣服！司机，让我下车！这里面的空气太难闻了！”扎克利说完这句话，就看见车里的其他乘客都用异样的眼光看着他。虽然如此，扎克利还是愤怒地下了车，然后打了一辆车去洛杉矶，但他一天的好心情就这样被破坏了。

男孩要懂的道理

其实，“人非圣贤，孰能无过”，如果你能对别人多一些宽容和理解，那么你自己也会更加快乐。生活中很多小事情男孩都没必要太较真儿，有些事情“装糊涂”比“计较”能让你赢得更多人气。

快乐成长金钥匙

不计较，更快乐

相关专家研究发现：那些爱计较、有心计的人，不但会影响身体健康，出现失眠、气血不调、免疫力下降等问题，而且也会影响心理健康，常常被负面情绪所笼罩，很难感到快乐。

爱计较对于男孩来说，一开始你可能觉得没什么，并且不认为是自己爱计较，而是别人做得太过分，结果越发得理不饶人。殊不知，“退一步海阔天空”，你越是不留情面地咄咄逼人，气氛就会变得越紧张，从而使双方的矛盾进一步激化，不利于问题的有效解决。

所以，凡事不要太计较，你才能获得更多的快乐。每天多想一些开心的事情，遇到烦心事时多一些平常心，对别人多些宽容和理解，那么你眼前的世界就会更加美好。

用人情味儿换来一个朋友

幽默大师威尔·罗吉士经常说这样一句话："我从未遇见一个我不喜欢的人。"为什么他会这样说呢？那是因为从来没有人不喜欢他。

在一个寒冷的冬日，刚继承牧场没多久的罗吉士发现自己牧场养的一头牛冲破附近农家的篱笆去啃食玉米，结果被那个农夫杀死了。按照当地人的规矩，这个农夫应该通知牛的主人，先说明原因，然后再作处理，但他没有这样做，而是直接就把那头牛宰杀了。罗吉士知道这件事情之后，十分气愤。于是，就叫一个牧场工人陪他骑马去和这个农夫理论。

谁知道，这个冬天太过寒冷，半路遇到寒流的罗吉士和牧场工人以及马匹身上都挂满冰霜，人畜都差点儿冻僵了。罗吉士和牧场工人抵达农夫木屋的时候，农夫有事出去了。农夫的妻子热情地邀请两位客人进去烤火，等待丈夫归来。在火炉边取暖的罗吉士，看到农夫的妻子面容憔悴，还看到瘦得像小猴儿一样的5个孩子偷偷躲在桌椅后面窥视他。

没过多久，农夫就从外边回来了，妻子告诉他有两个人冒着狂风严寒过来了。罗吉士刚要开口跟农夫说明来意，农夫却热情地和他握手，然后执意留他们吃饭。"二位只好吃这些豆子了，"农夫抱歉地说，"因为刚刚在宰牛，忽然起了风，没宰好。"罗吉士见盛情难却，只好留下来吃饭。

在吃饭的时候，牧场工人一直等待罗吉士开口讲杀牛的事，但是罗吉士不是和农夫说说笑笑，就是逗弄那几个孩子。于是，牧场工人准备自己提起这件事，却被罗吉士用眼神阻止了。其间，5个孩子听父亲说，接下来的一段时间内家里有牛肉吃，个个都兴高采烈地蹦起来。

吃完饭之后，屋外寒风仍在猛烈地吹着，主人一定要两个客人住下。罗吉士见这种天气确实无法出门，于是两人决定在农夫家里过夜。

次日清晨，罗吉士和牧场工人喝了黑咖啡，吃了热豆子和面包，吃饱喝足的两人就上路了。至此，罗吉士对此行的来意依然闭口不提。路上，牧场工人不解地说："我还以为您会为了那头牛兴师问罪呢！"

罗吉士沉默良久，然后果断地说："从今以后，我们谁都不许再提这头牛！"

后来，罗吉士还说了这样一段话："我原来是为了这头牛而来的，但现在我思考了一下，实际上我并没有损失一头牛，而是用它换到了人情味儿，还换来了一个朋友。毕竟，那个农夫不是故意跟我过不去，也不知道那头牛就是我的。更何况，他们家是多么需要一头牛过冬啊！"

男孩要懂的道理

德国著名诗人海涅说过："我们交友，并不是要求别人赞同自己的行为，需要的只是理解。"理解的确是朋友之间最重要的东西。在彼此关系僵持的时候，先运用"理解"这个武器的人，他就是一个胜利者，因为他战胜了狭隘和自我，展示出了勇气和力量。

快乐成长金钥匙

宽容别人，善待自己

英国著名剧作家莎士比亚说过："不要因为你的敌人而燃起一把怒火，烧伤了别人也烧伤了自己。"所以，无论是面对敌人、对手或者是那些伤害过你的人，你都要学会宽容别人，善待自己。

曾经有人询问已经成为大发明家的爱迪生，让他谈谈对当年那个打聋他耳朵的列车员的看法。令人意外的是，爱迪生并没有辱骂或者抱怨那个列车员，也没有去找那个列车员的麻烦。相反，他笑着说："我应该感谢他，因为正是他给了我一个安静的环境，让我可以全神贯注地去完成那么多的试验。"可见，爱迪生是一个有大智慧的人，知道宽容别人，可以让自己少些烦恼，多些快乐。

其实，宽容是化解矛盾和冲突的法宝，而且利己利人。一个懂得宽容他人、善待自己的男孩，总会比那些斤斤计较和狭隘的人多出一份坦然、轻松和愉悦。

母亲幸福，我才幸福

温斯顿·丘吉尔是一个早产儿，他的父亲伦道夫·丘吉尔整天忙于政治，而他的母亲——美国百万富翁杰罗姆的女儿詹妮则醉心于上流社会的交际生活。所以，少年时代的丘吉尔很少感受到父母的关爱，只与他的保姆结下了深厚的亲情。

丘吉尔是英国显赫的贵族马尔巴罗公爵家族的后代。他的父亲在1895年因病去世，终年46岁。当时他美艳依旧的母亲詹妮40多岁，不久后，她便萌生了嫁给一个25岁男人的想法。这个消息就像投入平静湖泊中的炸弹，立刻遭到众多亲友的反对，他们觉得这太荒唐了，要知道，詹妮的儿子丘吉尔才25岁，一个母亲要嫁给一个和自己儿子同岁的男人，这成何体统？迫于周围的压力，詹妮打算放弃这一想法。就在这时，她的儿子丘吉尔坚决地握住她的双手，诚恳地说："亲爱的母亲，就算全世界都反对您，我也会勇敢地站在您这边，所以，请您也一定要勇敢。"在儿子坚定不移的鼓励下，詹妮终于再一次披上了洁白的婚纱。可惜的是，这段婚姻并没有维持多久。

十几年后，当丘吉尔已经凭借卓越的才能跻身政坛时，60岁的詹妮打算第三次披上婚纱。这次自然遭到更强烈的反对，不光是亲朋好友不同意，而且丘吉尔的那些反对派也拿此大做文章。

詹妮犹豫了很久，因为这次和十几年前不同，儿子已经不再是个小伙子，而是一个拥有雄心壮志、前途不可限量的有为之人，她不能自私地耽误了儿子的前程。然而，令她意想不到的是，丘吉尔又一次握住了她的手说："亲爱的母亲，如果让我在我的仕途与您的幸福之间作选择，我心甘情愿地选择后者。请您不要再有任何顾虑。母亲幸福，我才幸福。”于是，詹妮再一次无比快乐地迈入了婚姻的殿堂。婚礼上，丘吉尔依然像上次一样，坚定地站在母亲的身边，而另一边则是比他还要年轻的36岁的新郎。

像这样能够两次接受母亲的婚姻，世上也许有许多人做得到。而面对沉重的压力，丘吉尔两次接受和自己年龄差不多的人做自己的继父，这的确需要十分豁达的胸怀。

男孩要懂的道理

如果一个男孩在与人产生矛盾时，不懂得宽容别人，那么他与别人的矛盾可能会越积越深，最后伤害别人的同时也伤害了自己。但如果你能做到宽容待人，那么你就拥有了一块神奇的“橡皮擦”，能用宽容的力量把你们彼此之间的矛盾或者误会都擦去，并且会获得对方的尊重和好感。

快乐成长金钥匙

如何令男孩变得宽容大度

一个拥有宽大胸怀的男孩无论遭受怎样的诋毁和讥讽，他都应该能看得开、忘得了、拿得起、放得下。只有这样，才能给人留下善良、豁达的印象，为今后的成功奠定基础。那么，应该怎么做呢？

首先，宽容别人前先学会宽容自己。很多男孩在遇到挫折和困难时，就会失去自信，不是沮丧、懊悔，就是停在原地不敢前进。其实，每个人都会跌倒，也都会犯各种各样的错误，但你要学会给自己一个“重新站起来”的机会，这样你才能有机会继续证明自己的实力。

其次，多阅读那些修身养性的书籍，多开阔自己的眼界。读书不但可以帮助男孩修身养性、提升气质，还能让男孩不断完善自己的人生观、世界观和价值观。例如，哲学类书籍会让男孩反省自身；心理学类书籍会培养男孩积极的心态；名人传记类书籍会让男孩吸取他人的成功经验，取长补短……最重要的是那些有益身心的书籍会在无形中让你成为一个心胸开阔、处事平和的男孩。

最后，主动原谅他人的过失，学会化敌为友。生活中，发生误会和矛盾是常有的事情，这时最关键的是我们如何化解误会和矛盾。宽容是解决这类问题的最好方法，因为你主动原谅别人的过失，选择一笑了之，化敌为友，最终你也会从中获益。当然，宽容并不是无原则的迁就，你要有善恶之分，要学会在道德规范的基础上相互谅解和支持。这样你才能拥有宽广的胸怀和良好的人际关系。

帮助别人往上爬

17世纪西班牙有一位著名的画家穆律罗，他是一位受人尊重的贵族子弟。有一段时间，他总是发现画布上有一些线条优美、轮廓清晰、笔触极具天赋的未完成的素描，穆律罗原以为是自己的学生画的，但是学生们都遗憾地摇摇头。所以，心有疑惑的穆律罗总是情不自禁地低语道："是哪位神秘的造访者大驾光临呢？而他为何总是在深夜里留下画作呢？"穆律罗认为这极具潜质的作者将来一定能成为大师。

事实上，那些未完成的素描都是穆律罗身边那个年轻的仆人塞伯斯蒂所作。塞伯斯蒂是穆律罗众多奴仆中的一个，他对画画有一种与生俱来的喜好，每当穆律罗给学生上课时，塞伯斯蒂就在一旁仔细聆听。半夜里，当别人都已经上床休息的时候，他就忍不住悄悄拿起画笔画了起来。但黎明来临之前，他还没有完成画作又害怕因此受到主人的惩罚，想要狠心把自己夜里画的作品涂掉，他又不忍心下手。这时，塞伯斯蒂心中总是有一个声音在急切地呼喊："不！我不能，绝不能!"于是，那些未完成的画就留了下来。

17世纪的西班牙等级制度非常严格，像塞伯斯蒂这样的奴仆是根本不配作画的。一旦被别人发现，轻者重罚，重者会被处死。虽然塞伯斯蒂很想得到主人穆律罗的指导，可他根本不敢说出口。

一天深夜，塞伯斯蒂又忍不住拿起画笔在画架前画了起来，因为他根本无法入睡，满脑子只有画画。一提起画笔，塞伯斯蒂很快就进入了画画的境界，不停地勾勒、涂抹、沉思、点缀。就这样，不知不觉太阳已经出来了。而此时穆律罗已经站在他身后多时了，但他并没有惊动认真作画的塞伯斯蒂，而是静静地望着他笔下优美的线条出神。当兴奋的塞伯斯蒂画完最后一笔，满足地伸展有些僵硬的身体时，猛然转头发现自己的主人已经站在他的身后了。由于惊吓而颤抖不已的他赶紧跪下，双眼低垂，悲切地低下头，他知道等待自己的将是怎样凄惨的命运。

很快，这件事就传开了。人们都在猜测这个“大逆不道”的奴仆塞伯斯蒂会受到怎样严重的惩罚。然而出乎所有人的意料：穆律罗不但免去了塞伯斯蒂的奴仆身份，给他自由，还将他收入门下。穆律罗说：“我是幸运的，竟然造就了一位了不起的画家，塞伯斯蒂将会是我最大的骄傲!”几百年后的今天，很多穆律罗和塞伯斯蒂的作品都珍藏在意大利的收藏馆里，它们都一样价值连城。

男孩要懂的道理

人们常说：“帮助别人往上爬的人，会爬得最高。”没错，穆律罗和塞伯斯蒂的故事恰好印证了这句话所要讲述的道理：帮助别人和宽以待人，也会为你自己赢得更多的机会。善待别人，就是幸福自己。

快乐成长金钥匙

如何学会善待别人

法国著名作家雨果说过：“世界上最宽阔的是海洋，比海洋更宽阔的是天空，比天空更宽阔的是人的胸怀。”一个心胸宽大的男孩要学会善待别人、宽容别人，这样才能在赢得他人尊重和信任的同时，加深与他人之间的关系，进而结交更多的朋友。那么，如何让自己成为一个善待别人的男孩呢？

首先，对人对事必须有宽容度和承受力。就以穆律罗和塞伯斯蒂为例，如果穆律罗对待自己的奴仆不宽容，根本接受不了一个地位低下的人竟然具有非凡的绘画天赋，那么惩罚了塞伯斯蒂的后果，对他来说就是失去了一个忠心的仆人，失去了一个有共同语言和兴趣的伙伴，甚至可能埋没掉一个出色的画家。所以，要做到善待别人，对人对事必须有宽容度和承受力。

其次，学会换位思考，多理解和关爱别人。没有人会喜欢和小肚鸡肠、狭隘自私的人交朋友，人们都喜欢跟那些懂得为他人着想、能够多理解和关心自己的人交朋友。所以，男孩要学会换位思考，多站在对方的角度考虑问题，然后对别人多一份理解和宽容，这样你的朋友才会越来越多。

最后，学会亲和待人，永远不要认为自己高高在上。现实中有些男孩因为自己学习好、家境好等，就以为自己高人一等，甚至盛气凌人，这样只会让别人远离你。所以，你要用平和的态度去对待别人。

将敌人变成朋友

林肯在竞选总统前夕，在参议院演说时，遭到一个参议员的羞辱，那个参议员说：“林肯先生，在您开始演讲之前，我希望您记住自己是个鞋匠的儿子。”

“我非常感谢您使我记起了我的父亲，他已经过世了，我一定记住您的忠告，我知道我做总统无法像我父亲做鞋匠那样好。”

参议院陷入了一片沉默。

他转过头来对那个傲慢的参议员说：“据我所知，我的父亲以前也为您的家人做过鞋子，如果您的鞋子不合脚，我可以帮您改正它。虽然我不是伟大的鞋匠，但我从小就跟我的父亲学会了做鞋子的技术。”然后，他又对所有的参议员说："对参议院的任何人都一样，如果你们穿的那双鞋是我父亲做的，而它们需要修理或改善，我一定尽可能地帮忙。但有一点可以肯定，他的手艺是无人能比的。"

说到这里，所有的嘲笑都化作了真诚的掌声。

有人批评林肯总统对待政敌的态度："您为什么试图让他们变成朋友呢？您应该想办法打击他们，消灭他们才对。"

"我难道不是在消灭政敌吗？当我们成为朋友时，政敌就不存在了。"林肯总统温和地说。这就是林肯总统消灭政敌的方法——将敌人变成朋友。

男孩要懂的道理

生活中有些人可能对你出言不逊，可能对你颐指气使，可能让你受尽委屈，还可能让你备受屈辱。但不管别人怎样对待你，你都应该用一颗宽容的心去对待别人，因为宽容不仅会展现一个男孩真正的气度，还会不断增加他的魅力。

快乐成长金钥匙

宽容，成就一生的气度

俗话说："金无足赤，人无完人。"每个人都会犯错误，每个人身上也都有缺点。例如，你的老师可能出现错误，你最要好的同学也可能背叛你……当你遇到这些情况的时候，你的内心会受到伤害。此时，解决矛盾的最好方法是宽容。唯有宽容，才能让你的心灵变得轻松起来，也才能让你赢得更多的人气。

宽容是成就男孩一生的气度，只有懂得宽容和体谅别人的男孩，才能和朋友更好地相处，也才能获得更多人的好感。对于男孩来说，宽容能使你的人生跃上新的台阶，宽容会给你带来机遇，宽容会让你生活得更快乐、更成功。

第九章

学习让你拥有第一竞争力

“多则价廉，万物皆然，唯独知识例外。知识越丰富，则价值就越昂贵”，而一切知识都可以通过学习获得。不过，学习并不是一件简单的事情，你需要不断地阅读，养成勤学好问的学习习惯，同时还要掌握各种各样的学习方法。当你把学习搞好了，你的人生会有更好的发展。

爱上阅读

曾经有个小男孩非常聪明，他不仅博览群书，而且一目十行，过目成诵。这个男孩8岁就读了英国文艺复兴时期最重要的剧作家莎士比亚、狄更斯的著作和许多重要的历史书籍。9岁他就能读懂像帕克写的《自然读本》这样难度较大的书。后来，成功之后的男孩在回忆时说：“《自然读本》是我第一次读到的科学书籍，那时我还不到10岁。”也正是这本书帮助男孩打开了一个崭新的世界。

这个男孩10岁的时候开始对化学产生了浓厚的兴趣。他经常在休伦港自己家中的地窖里按照帕克的教科书做实验。后来在母亲的启蒙下，他开始读吉本的《罗马帝国衰亡史》、席尔的《世界史》、休谟的《英国史》以及托马斯·潘恩的一些著作，而托马斯·潘恩的思想更影响了男孩的一生。后来，男孩在回忆时说：“阅读那位伟大的思想家对政治与神学等问题的论述，我得到了启示。潘恩使我了解了许多新的问题。我可以清楚地回忆起读过潘恩的著作后那种如见光明的感觉……对于潘恩，我抱有极大的兴趣，看一遍不够，我就一遍又一遍，反反复复地研读。”不仅如此，他还吃力地读完了牛顿的《自然哲学的数学原理》一书。从这本书里他学到：实践比理论更重要，所以在以后的岁月里，他更加注重实验。

后来，这个男孩有了不错的收入之后，除了贴补家用、吃饭之外，余下所有的钱都用在买书和充实实验用品上。每天忙完工作，他都会急忙赶到青年人协会的阅览室里看书。不久，那里被辟为底特律公共图书馆，丰富多样的藏书成了男孩最大的精神食粮。

每当男孩静静地坐在图书馆看书时，母亲的话总会回响在他的耳边：“牛顿和瓦特在学校都不算是优秀的学生，可是他们并不灰心，仍然继续不断地努力，最后终于发明了对人类有用的东西。所以只要你好好用功，妈妈相信，你也可以发明东西。”母亲的话一直鼓舞着他，使他不断地向艰深的学问挑战。男孩在心中不断暗暗发誓：“我一定要好好用功，将来成为牛顿和瓦特那样的伟人。”

于是，男孩更加广泛地阅读书籍，不断地学习知识。渐渐地，上底特律图书馆去看书成了男孩最开心的事。不论狂风暴雨，也不论身体疲累，他都坚持不懈，从不耽误。由于男孩天天去图书馆，图书管理员都认识他了。有一次，图书管理员问他：“你读过多少书了？”男孩说：“我已经读完第一架上的两层书了。”没想到管理员大笑着说：“我看你先后读的这两本书，内容是毫不相干的呀！你读书的目的是什么呢？”男孩说：“我是按照书架上的次序读的。我想把这里的藏书全部读完。”男孩的话让管理员非常佩服，不过，他还是认真地劝他：“你的精神的确令人钦佩，但读书要有明确的目的，不加选择地看书效果并不好。你以后应围绕着一个目标看书才好。”管理员的劝告使男孩深受启发，从这之后，他开始更注重学习目标和学习方法了。

男孩还对管理员说：“长大后，我一定要盖一间很大的研究所，里面有这么大的图书馆和这么多的藏书。”

为了实现自己的理想，男孩一回到休伦港，就开始认真地做他的实验。虽然工作已经耗费了他很多精力，但一回到地下实验室，他就忘记了身心的疲劳，埋头做实验。遇到不懂的地方，他就先记下来，第二天再到底特律图书馆去查找有关资料。很多时候，他在图书馆一边读书，一边思考新的实验方法，回到休伦港，他就用新的方法进行实验。

这个热爱读书与学习的男孩就是伟大的发明家爱迪生。

男孩要懂的道理

英国著名戏剧家莎士比亚说过：“人的美丑是先天带来的，有没有素养则是书籍造就的。”可见，阅读会大大提高男孩的素养，让他们获取更多的知识，开阔眼界，懂得更多做人的道理。正如科学家赫胥黎说的那样："每一个懂得如何读书的人，都懂得如何利用所学来增进自己的能力，改善自己的生活方式，并使生活充满意义与乐趣。"

快乐成长金钥匙

阅读，为你打开成功的另一扇门

英国著名哲学家弗朗西斯·培根说过："读史使人明智，读诗使人灵秀，数学使人精密，科学使人深刻，伦理学使人庄重，逻辑修辞之学使人善辩。凡有所学，皆成性格。看不同的书能给人带来不同的东西，多方涉猎，才能让人博学多闻。"可见，阅读能够帮助男孩增长知识、开阔视野，并不断提高男孩的修养、品格、能力等。

有人说："一本书像一艘船，带领我们从狭窄的地方，驶向生活的无限广阔的海洋。"其实，书籍更像一位博学多识的朋友，当你孤单时会从阅读书籍中得到一份贴心的安慰；当你沮丧时会从阅读书籍中得到鼓励；当你迷失人生方向时会从阅读书籍中找到继续前行的目标。

当然，读书也要懂得选择，并不是世界上每一本书都值得你花费时间研读，要想通过阅读打开成功的另一扇大门，你就必须学会如何去选择一本好书。

首先，你要广泛涉猎，不要只阅读一种类型的书，最好军事、科学、文学、历史等书籍都阅读一些，增长自己各方面的知识；其次，你要给自己制订一个读书计划，可以在睡前阅读半小时，平时也多去书店逛逛，不要把大量宝贵的时间浪费在网络游戏、网络聊天上，可以和那些爱读书的人做朋友。

总之，阅读书籍的过程就是修炼内心的过程，只有多读书、多思考，你才能增长智慧，为今后的成功打下基础。

勤学好问

著名的科学家斯蒂芬·威廉·霍金说过这样一句话："自然科学的诞生要归功于伽利略，他这方面的功劳大概无人能及。"伽利略的确是近代实验科学的先驱者，他不但精通物理学，同时也是一名出色的天文学家、力学家、哲学家、数学家，更被誉为"近代科学之父"。就连人类伟大的思想家恩格斯都称他是"不管有何障碍，都能不顾一切而打破旧说、创立新说的巨人之一"。

事实上，伽利略从小就是一个勤学好问的男孩，这个学习的好习惯为他日后获得渊博的知识以及创造非凡的成就打下了坚实的基础。

据说，当年考进比萨大学医科专业的17岁少年伽利略，是一个非常喜欢提问题的人，如果心中有疑问，不问个水落石出他是绝不会罢休的。

有一天上课的时候，比罗教授正在给学生们讲生育问题。他讲道："母亲生男孩还是女孩，是由父亲身体的强弱决定的。父亲身体强壮，母亲就生男孩；父亲身体衰弱，母亲就生女孩。"

没想到，比罗教授的话音刚落，伽利略就急忙说道："教授，我有疑问。"

比罗教授虽然很喜欢勤学好问的学生，但是他不喜欢别人随意打断他的讲课，尤其是眼前这个总是有很多问题的学生。于是他对伽利略说："你提的问题太多了！作为一个学生，上课就应该认真听讲，多记笔记，不要那么多奇思怪想，提那么多问题，这样会影响其他同学正常的学习。"

"教授，我并不是在胡思乱想，也没有故意捣乱提出问题，我是有事实根据的。我家附近有一个很强壮的男邻居，可他的妻子一连生了5个女儿。这不是与教授您讲的理论正好相反吗？您能告诉我这是为什么吗？"

伽利略没有被比罗教授吓倒，而是继续反问。

有些生气的比罗教授开始搬出自己的理论根据，想以此压倒伽利略。他说：“我是根据古希腊著名学者亚里士多德的观点讲的，根本不会错！”

这时，伽利略大声说道：“难道亚里士多德讲的与事实不符，我们也要说他是对的吗？科学一定要与事实相符，否则就不是真正的科学。”这句话把比罗教授问倒了，让他一时不知如何应对。

这件事情并没有结束，伽利略因为这次的“捣乱”被学校批评了，但他并没有因此灰心丧气，他那颗勤学好问、追求真理的心丝毫没有改变。也正因为这样，他才最终成为一代科学巨匠。

男孩要懂的道理

有人说：“好问的人，只做了五分钟的愚人；耻于发问的人，终身为愚人。”勤学好问是男孩变聪明的法宝，更是其获取知识的最佳途径。不过，很多男孩因为自身羞怯的性格或者盲目轻信权威、专家，即使心中有疑问，也不敢站起来提出质疑，以至于错失了很多表达自己观点的机会，也错失了探索真理、挑战命运的机会，从而与成功失之交臂。所以，赶快做一个勤学好问的男孩吧！

快乐成长金钥匙

如何做到勤学好问

孔子教导自己的弟子时，说过这样一句话：“知之为知之，不知为不知，是知也。”意思是：知道就是知道，不知道就是不知道，这就是智慧啊！没错，做学问一定要实事求是，切忌“打肿脸充胖子”的无知行为。

知识浩如烟海，即使一个人聪明绝顶，从早学到晚，到他死去的那一天还是有很多不知道的知识和不懂的问题，因此男孩应当虚心学习、勤学好问，只有这样，才能学到更多的知识。那么，如何做到勤学好问呢？

首先，遇到问题要敢于发问。有些男孩因为自身性格的原因一遇到问题就选择闷在心里，根本不敢对父母或者老师发问。要想学到更多的知识，千万不要因为胆小、自卑而错过发问的机会。

其次，要勤奋学习。古人云："业精于勤，荒于嬉。"可见，只有勤奋学习，才能取得优秀的成绩。在学习的过程中，我们难免会遇到难题，这时你就要学会不耻下问，向不同的人请教。

总之，不懂就要问，而且勤学与好问是紧密相连的，二者缺一不可。对每一个男孩来说，都要做到勤学好问，而其中，好问是勤学的基础。

兴趣是最好的老师

马克·吐温是闻名世界的美国作家，他小时候并不喜欢学习，非常讨厌学校那种刻板的生活，让他觉得自己是被关在笼中的小鸟，失去了自由。学校虽把他圈在一座坚固的木头房子里，但他的心早就带着翅膀乘着新鲜、温柔的风飞到了鸟语花香的森林里和密西西比河的河岸上去了。有时，他会趁老师不注意就偷偷溜出去，自由徜徉于蓝天白云的怀抱之中，欢快地奔驰在乡野的小路上，耳边是哗哗的溪流和婉转的鸟鸣，身旁是翩翩飞舞的蝴蝶，马克·吐温觉得只有学校外边的世界才是美好的、幸福的。

在马克·吐温12岁那年，他的父亲不幸去世了。这个打击让以前玩心很重的男孩开始变得懂事和成熟了，对于以前的胡闹、逃学、不孝顺、不听父母的话等行为他感到很愧疚。所以从此之后，马克·吐温像变了一个人一样。母亲看出了他的悲伤，于是安慰他说："儿子，过去的无法挽回，就算你再悔恨对你父亲也毫无益处，现在你只要听话、懂事，一切都可以重新开始。""母亲，"马克·吐温啜泣着答道，"现在您吩咐我去做任何事，我都会倾尽全力去做。”

不久之后，马克·吐温成了一名印刷厂的工人，他微薄的收入只能供自己吃住。一天下午，他在密苏里州的汉尼堡城街上行走的时候，捡到了一页从一本《贞德传》上撕下来的纸，上面叙述了贞德被困在卢恩堡的经过。当时，马克·吐温并不知道谁是贞德，也从没听别人讲起过。但从那时起，他就搜读一些记载贞德的文字，对贞德一生的故事产生了极大的兴趣。几十年后，他写了一本关于她的书叫作《巾帼英雄贞德传》。

正是路上偶然拾起的那一页《贞德传》，唤起了马克·吐温对于历史的兴趣，进而使他燃起了一种对文学的热情。也正是这种兴趣，让他从一个小小的印刷工匠变成了大文学家。

马克·吐温在半个世纪的创作岁月里，共写了几十部作品，他的著作极富戏剧性，大部分被改编为舞台剧或被拍成电影，如《汤姆·索亚历险记》《密西西比河上的生涯》《哈克贝利·费恩历险记》以及《乞丐王子》等。

男孩要懂的道理

学习是一件需要花费大量的时间和脑力去思考、记忆和研究的苦差事，但通过学习你却可以获得很多知识。你只有不断地保持兴趣和坚持不懈，才能乘风破浪到达成功的彼岸。所以，在学习中，你要能吃苦，并且学会乐在其中，这样学习时才会事半功倍。

快乐成长金钥匙

如何让自己爱上学习

“兴趣是最好的老师。”这是著名物理学家爱因斯坦说过的话。可见，要想让自己爱上学习，首先，你要对学习产生兴趣，并且努力让自己做到乐在其中，这样才会更加主动地去探索知识、思考问题和积极实践。但是，面对浩如烟海的各类知识和参差不齐的学习能力，男孩在每个学习阶段都会遇到很多的问题。例如，大多数男孩在学生时代都偏爱理科，对文科的学习兴趣不高，有些男孩甚至一提到文科就头疼。当然，也有很多男孩在学习理科时同样会遇到很多问题，例如，物理原理弄不清楚、化学名称难记等。久而久之，学习的挫败感就会让男孩对学习渐渐失去兴趣，更别提体会到其中的乐趣了。

因此，男孩要想让自己对学习产生兴趣，就要尽量减少学习的挫败感。这一点可以通过制订一些低目标和短期学习计划来实现。因为低目标容易达到，而短期学习计划成效快，这些都能让男孩体验到学习成功的成就感，进而激发自己更加努力地学习。

其次，你要学会坚持。“坚持”这两个字对于男孩的学习来说是制胜的法宝，无论你想要学习什么，只要你坚持下去，那么一定会有所成就。学习是漫长、痛苦而乏味的过程，你只有学会吃苦和坚持，才能获得成功。

最后，你要学会在学习的过程中给自己找点儿“乐子”。学习和玩其实并不矛盾，关键在于你如何在玩中学习和在学习中玩。例如，你觉得英语很枯燥，那么不妨看一些英文原版的电影或者听一些英文歌曲等，这些寓教于乐的学习方式都会让你爱上学习的。

生活处处是课堂

有一个出生于巴黎贫民家庭的男孩，他13岁便独自外出打工，但是没有工厂愿意聘用这么小年纪的孩子，所以他不得不四处流浪。几年后，这个男孩找到一个贵族家庭，并在万般恳求之下成了这个贵族家庭里的一个小杂工。他每天的工作就是杀鸡、杀鱼、拖地、扫厕所，几乎包揽了全部脏活儿累活儿。一天至少有12小时的工作量，但他所有的工资仅仅够买一件单薄的衣衫，不过，男孩仍然感到十分满足。他总是省吃俭用地将辛苦赚来的钱攒起来，养活自己贫困的家。

一天夜里，男孩突然被一阵急促的敲门声惊醒。原来自己的主人第二天一大早要去赴一个约会，要他立即将自己的衣服熨一下。劳累一天的男孩实在太困了，所以他不小心将煤油灯打翻，灯里的油滴在了主人的衣服上。

男孩被吓坏了，自己就是不吃不喝一年的工钱恐怕也买不来那件昂贵的衣服。主人坚决要求男孩赔偿，给自己白打一年工！沮丧至极的男孩只好答应给这家主人白打一年工，不过他也得到了那件衣服。

其实，那件昂贵的衣服只是弄脏了一点儿而已。男孩想："如果将这件衣服送给我的母亲穿，她一定非常高兴。"但是男孩不敢对母亲说这件事情，他不想母亲不开心。于是，男孩将那件衣服挂在自己的窗前以警示自己别再犯错。

一天午后，男孩突然发现那件衣服被煤油浸过的地方不但没脏，反而将原有的污渍消除了。这一发现顿时让男孩变得兴奋起来，他经过反复试验，又在煤油里加了一些其他的化学原料，终于研制出了干洗剂。一年后，男孩离开了那个贵族家庭，自己开了一家干洗店。于是，世界上第一家干洗店就这样诞生了。

后来，男孩的生意越来越好，几年间他便成了令世界瞩目的干洗大王。现如今，他的干洗店遍布世界的每一个角落，他就是乔利·贝朗。

男孩要懂的道理

生活就像一次充满未知的探险之旅，当你第一次睁开双眼看这个世界的时候，你就已经开始从生活中学习了。生活所蕴藏的知识是你一生都学不完的，也是在课堂上或者书本上学不到的。所以，一个人要想丰富自己的知识，一定要从生活中去获取。

快乐成长金钥匙

观察生活，吸取知识

生活和知识是密不可分的。例如，看到旗子飞扬的方向，你能判断出风向吗？一斤白菜0.87元，7斤白菜是多少钱呢？为什么白球鞋刷过之后会变黄，而用干净的卫生纸蘸水包住晾干，它就会好些呢？洗衣粉能洗净污垢，是什么原理呢……这些都是我们生活中会遇到的问题，当你把它们一个个都弄清楚之后，你会学到物理、化学、数学等方面的知识，而且这个知识的学习过程比课堂学习对你更有吸引力。

所以，你要做一个善于观察生活、积极思考、勤学好问、努力钻研的男孩。要知道，生活永远都是我们学习的最好素材，生活中的每一个细节、每一件事情，都是我们学习、探索和钻研的对象。

生活处处是课堂，只要你敢于冒险、善于思考、勇于“异想天开”，那么你就能从生活中吸取更多的知识。

专心致志做事

比尔·盖茨从小就是一个做事十分认真和专心的孩子。在他的学生时代，老师总是给学生布置很多的功课，比尔·盖茨埋头做得很认真，而他也总是所有孩子中最快完成功课的。做完功课的比尔·盖茨便无所事事了，他开始忍不住东张西望起来，而这样“悠闲”的他自然给那些没有完成功课的孩子带来了心理压力，以至于很多孩子脸上充满了焦急的神情。没办法，老师决定再给比尔·盖茨找件事情做。

后来，老师找到了图书管理员，希望他能给比尔·盖茨安排一个富有挑战性的工作。图书管理员想了想，给比尔·盖茨安排了一份工作——核实图书馆的卡片。因为那些卡片上面的书目有些是逾期很久未归还的，而管理员担心这些书其实已经归还了，只是将卡片夹错了地方，因此需要查找核实一下。

“这是不是有点儿像侦探工作？”看着一大堆卡片，比尔·盖茨望着老师问。为了提起比尔·盖茨的兴趣，老师微笑着回答：“是的！”这下，比尔·盖茨可来劲了，他劲头十足地干了起来，像福尔摩斯侦查案情时那样认真专注，他甚至忘记了休息，直到别人进来叫他休息时，他已经发现3本夹错卡片的书了。

次日一大早，往常总是不慌不忙出门的比尔·盖茨很早就来到学校对老师说：“我昨天的工作还没有做完，我想今天把夹错卡片的书全部找出来。”

比尔·盖茨热情不减，乐此不疲。等到下午图书管理员下班的时候，满头大汗的比尔·盖茨已经将那一堆卡片全部查找核实了。看着昨天堆满卡片而今天什么也没有剩下的桌子，比尔·盖茨欣慰地笑了，觉得自己完成了一件伟大的事情。于是，兴奋的比尔·盖茨问老师：“我够格当一个真正的图书管理员吗？”老师微笑地点点头说：“当然，你是一个非常合格的图书管理员！我为有你这样认真的管理员而骄傲。”老师的肯定让比尔·盖茨心里美滋滋的。

后来，比尔·盖茨全家搬到了附近的一个地区，转学前的他最舍不得的就是图书馆，所以他很担忧地问老师：“今后谁来找那些遗失的书呢？”一段时间后，老师也非常想念比尔·盖茨，觉得自己的这个学生做事的专注和热情显得与众不同。没想到，有一天，比尔·盖茨突然出现在了老师面前，他高兴地说：“新转去的学校的图书馆不让我干活儿，我妈妈又把我转回了这里。这下，我又可以找那些遗失的书了。”

看着一脸兴奋的比尔·盖茨，老师心想：“做事这样专心致志的孩子将来一定可以实现自己的任何目标。”多年以后，这个令老师特别关注的男孩成为世界首富，而他公司生产的软件遍及世界的每个角落。比尔·盖茨最后能够取得如此令世人称羡的成就，不光是因为他的勤奋、坚忍、负责，更因为他是一个做事专心致志的人。

男孩要懂的道理

专心致志不但是一种良好的学习习惯，更是你对待学习的一种正确态度。男孩在学习的时候只有专心致志才能让自己心无旁骛，学习效率才会更高，也才能节省出更多的时间去做其他的事情。因此，平时无论是学习还是做事，男孩都应该专心致志，认真对待。

快乐成长金钥匙

怎样做到专心致志

“一个人应该总是考虑他正在做的事，在学习的时候不应该去想着游戏，在游戏的时候则不应该想着学业。”这是英国著名文学家切斯特菲尔德说过的一句名言。没错，学习的时候就应该专心致志，而玩的时候就应该痛痛快快、轻轻松松地玩，这样我们才能学得好又玩得好。如果一心二用或者一心多用，到最后我们可能什么都得不到。那么，怎样才能做到专心致志呢？

首先，你学习的时候要有明确的目标，知道自己究竟要做什么，并为之努力。当然事先最好能制订一个计划。例如，一小时内把数学和语文作业写完，不达目的不罢休。

其次，你不能好高骛远，要安下心来，踏踏实实、认认真真地做好每件事情。记住，不要同时去做好几件事情。例如，不能写着作业打着游戏，要认真做完一件事情，再去做另一件事情。

再次，你要集中精神，排除一切外界干扰。例如，上课认真听讲，积极回答问题，下课认真复习、预习功课，切忌一心多用。

最后，你还要学会劳逸结合。人不可能24小时都做到专心致志，一定要有休息的时间。要学会张弛有度地学习、娱乐、休息，这样才能在提高学习效率的同时，舒缓身心压力。

走别人没走过的路

当年，爱因斯坦在瑞士苏黎世联邦工业大学就读时的导师是数学家闵可夫斯基。闵可夫斯基非常喜欢爱因斯坦这个肯动脑、爱思考的学生，所以，师徒二人经常在一起探讨科学、哲学和人生。这天，突发奇想的爱因斯坦突然问自己的导师："一个人，比如我吧，究竟怎样才能在科学领域和人生道路上留下闪光的足迹，做出杰出的贡献呢？"

没想到，这个问题让一向才思敏捷的闵可夫斯基也有些懵了，直到3天后，他才兴冲冲地找到爱因斯坦，激动地说："你那天提的问题，我终于有了答案！"

"什么答案？"爱因斯坦迫不及待地抱住闵可夫斯基的胳膊，"快告诉我呀！"

兴奋的闵可夫斯基手脚并用地给爱因斯坦比画了一阵，但爱因斯坦怎么也不明白。于是，他只好拉起爱徒朝一处建筑工地走去，在一块建筑工人刚刚抹平的水泥地面上大摇大摆地径直踏了过去。看着正被建筑工人们呵斥的导师，一头雾水的爱因斯坦十分不解地问："老师，您这不是领我误入歧途吗？"

"对，歧途！"闵可夫斯基顾不得别人的指责，依然激动地说，"看到了吧？只有这样的'歧途'，才能留下足迹！"然后，他又解释说："只有那些新的领域和尚未凝固的地方，才能留下深深的脚印。而那些凝固很久的老地面，那些被无数人、无数脚步涉足的地方，别想再踩出脚印来……"

老师的话让爱因斯坦猛然醒悟，他十分感激地对闵可夫斯基说："恩师，我明白您的意思了！"

从此之后，一种非常强烈的创新和开拓意识开始主导着爱因斯坦的思维与行动。他说过："我从来不记忆和思考词典、手册里的东西，我的脑袋只用来记忆和思考那些还没载入书本的东西。"

毕业之后的爱因斯坦成了伯尔尼专利局里一名默默无闻的小职员，但他没有固守着自己的工作，而是利用业余时间进行科学研究，在物理学三个未知领域里，齐头并进，大胆而果断地挑战并突破了牛顿力学。年仅26岁的他就提出并建立了狭义相对论，开创了物理学的新纪元。爱因斯坦不光为人类做出了卓越的贡献，他还在科学史册上留下了属于自己的深深的闪光的足迹。

男孩要懂的道理

美国著名的石油大王约翰·D.洛克菲勒说过："如果你要成功，你应该朝新的道路前进，不要跟随被踩烂了的成功之路。"没错，如果爱因斯坦学不会创新，只跟着别人的脚步前进，那他就永远也找不到属于自己的道路，更创造不出与众不同的光辉成就。所以，你要想成功，就必须学会创新。

快乐成长金钥匙

如何增强创新意识

"如果学习只在模仿，那么我们就不会有科学，也不会有技术。"这是苏联著名文学家高尔基说过的一句话，他说得很对，只有创新才有发展，也只有创新才能创造更多成就。那么，如何增强男孩的创新意识呢？

首先，你要克服盲从、习惯心理，多问"为什么"，敢于提出质疑。法国著名作家巴尔扎克说过："问号是开辟一切科学的钥匙。"如果你过于依赖固有的习惯和老师、专家，凡事不懂或者懒得问"为什么"，那么你是不会发现新问题的，更不会积极思考。所以，你一定要养成勤学好问、爱钻研、爱思考的学习习惯。

其次，你要克服懒惰心理，不要让机遇和灵感与你擦肩而过。很多男孩在学习过程中非常懒，即使灵感突现，自己也抓不住，以至于白白错失很多创新和成功的机会。所以，平时在学习过程中，要养成勤于思考、勤于动手、勤于发问的好习惯。

最后，你要学会独立自主，克服依赖心理。创新就是要走跟别人不同的道路，如果你没有独立的人格，只喜欢依赖和听从别人的意见，那么自然没有自己独到的见解，也会永远活在别人的光芒之下。所以，创新就要从独立自主开始。

不要忽视小知识

1894年6月26日，彼得·列昂尼多维奇·卡皮察出生在俄国科特林岛一个军事工程师的家庭里。他的父亲博学多才，母亲也是一位很有学问的女性。由于自幼受到良好的家庭环境影响，卡皮察十分勤奋好学，爱好广泛，其中他最钟情的还是物理学。

18岁的卡皮察以优异的成绩考入圣彼得堡工学院。4年后，应苏联著名物理学家阿勃拉姆·费多罗维奇·约飞教授的邀请，卡皮察进入物理实验室工作。把石英拉成细丝是卡皮察第一次参加的科研工作。在这次实验的过程中，他放弃传统的用拉线模拉丝，想出了一个独特的拉丝方法：用从弓中射出的箭拉丝。

这种看似儿戏的方法实在是有些不可思议：首先实验人员要把箭在熔化开的石英中浸蘸一下，然后拉紧弓弦，放箭，箭便沿着走廊射了出去，最后落到铺在地上的丝绒布上，而被箭拉走的丝在飞行中凝结了！这种方法看似很简单，如果没有细心的观察和思考，很容易被忽略，但卡皮察却做到了。

卡皮察在1921年进入英国的卡文迪许实验室工作。在着手测定α粒子磁矩工作时，别出心裁的他用自己设计的高功率发电机取代了蓄电池。

这套奇怪的装置当时给很多科学家留下了深刻的印象。

美国数学家诺贝特·维纳就曾在回忆录中这样写道："他（卡皮察）制造了一台专用大型发电机，能短时间短路，通过又重又大的电线输出强电流；电线就像条发怒的大蛇，发出嗞嗞的声音，吱吱地响个不停……"

事实上，就是因为卡皮察重视那些别人没有重视的小知识，他的发明才会显得"别出心裁"。关于卡皮察，还有这样一个趣闻：

一天，卡皮察被一家工厂请去检修一部发动机，对方许诺修好后付给他1000英镑。于是，卡皮察仔细检查了一下机器，之后叫人拿来一把榔头，拿起榔头对准主轴承敲了一下，就是这一下便让机器正常运转了。厂家一看这么简单就能修好，所以很后悔当初承诺付给卡皮察那么多钱。看出对方想法的卡皮察风趣地说："敲一下，付1英镑就行了，另外999英镑，是因为要知道应该敲在哪个部位上。"

卡皮察被誉为"低温物理学之父"，他曾两次获得"苏联社会主义劳动英雄"称号，5次获得列宁勋章。更在84岁高龄时，被授予诺贝尔物理学奖。 在他看来，物理学本身就是一门伟大的艺术。虽然卡皮察一生都钟情于物理学，但这并不妨碍他去了解其他领域的知识，而正是这些看似不起眼的小知识，对他的物理学研究产生了深远的影响。

男孩要懂的道理

英国著名文学家切斯特菲尔德说过："当我们步入晚年，知识将是我们舒适而必要的隐退去处；如果我们年轻时不去栽种知识之树，到老就没有乘凉的地方了。"而那些小知识就是组成知识大树的树叶和枝丫，如果你不重视小知识，那么光秃秃的知识树干是起不到多大作用的，相反，你可能会因此失去更多成功的机会。

快乐成长金钥匙

大成就来自小知识

聚水成川，聚沙成塔，聚石成山，小知识自然也可以聚成大智慧，进而帮助你获得大成就。所以，千万不要小看那些不起眼的小知识，只要你不断积累，不断钻研，那么总有一天，它会派上大用场。

生活中，很多男孩只注重书本知识，而对那些司空见惯的生活小常识却不屑一顾。其实，很多大知识最初都是从不起眼的小知识开始的。例如，工业革命的时候，有位纺织工人不小心弄倒了单车，发现车轮在转动，这本来是一个常见的现象，但是这个工人却在想，为什么只要一点儿的力车轮就不停地转。后来，他经过不断试验发明了珍妮机，极大地推动了英国轻工业的发展。

看，就是这样一个大家可能都知道的小知识，只要你比别人多思考一步，就可能改变历史。很多科学家正是因为他们注重细节，注重被别人忽略的小知识，所以才最终成就了大事业。

所以，无论是在学习中还是在生活中，你都不要轻易放弃那些小知识，它们很可能成为你成功的关键或者改变你未来的重要转折点。

我的老师是一个卡车司机

西奥多·冯·卡门是匈牙利犹太人，也是20世纪最伟大的美国工程学家，被誉为“航空航天时代的科学奇才”，还是我国著名科学家钱伟长、钱学森、郭永怀的导师。

冯·卡门自幼就是一个聪明伶俐的孩子。在他6岁那年的一天，他的大哥不经意地问他：“15×15是多少？”正在玩耍的冯·卡门立即回答：“225。”二哥又接着问：“924×826是多少？”冯·卡门竟然也快速地给出了答案："763224。"对此，全家人都很惊叹。只有冯·卡门的父亲莫里斯·卡门教授不以为然地说："你们是串通好了在演戏吧？小家伙，难道你还能心算出18876×18876是多少吗？"结果，只思考了一下的冯·卡门就说出了正确答案："356303376。"于是，家人欢呼着把冯·卡门抱了起来。

面对如此有天赋的儿子，莫里斯·卡门教授决心将冯·卡门培养成才，于是，他找来许多名家的作品让冯·卡门研读。从此，在父亲规划好的道路上，冯·卡门走得一帆风顺，他在1902年获得硕士学位，6年后获得博士学位。

就在冯·卡门获得博士学位的同年，他亲眼目睹了法国航空先驱法尔芒又一次打破纪录的飞行。观看完这场飞行表演的冯·卡门挤过人群，和法尔芒进行了一场精彩的对话。

冯·卡门问法尔芒："法尔芒先生，我是研究科学的。有一位伟大的科学家曾经用他的定律证明了比空气重的东西是绝对飞不起来的，对此，您是怎么看的？您能解释一下，飞机为什么会飞起来吗？"法尔芒俏皮地笑着说："您说的那个人是那个研究苹果落地的人吗？真是幸运，我没有读过他的书，不然，今天我就不会得到这笔飞行奖金了。我以前只是个普通的卡车司机，现在我成了一名飞行员。至于飞机为什么会飞起来，它不是我要关心的事情，而是教授您应该研究的事情。祝您成功，再见。"

法尔芒的回答令冯·卡门大吃了一惊，他这样对陪同而来的记者说："如今，我终于知道自己今后的一生该研究什么了。我要倾尽全力去研究风以及在风中飞行的全部奥秘，我相信，总有一天我会向法尔芒讲清楚他的飞机为什么能飞上天。"从此之后，冯·卡门开始踏上了毕生从事航空航天空气动力学研究的道路。经过艰苦的研究，他对航空航天技术的发展有过很多重要的预见，例如超声速飞行、远程导弹、全天候飞行、卫星等，后来都一一成为现实。

冯·卡门桃李满天下，他跟自己的徒弟们说："我的老师是一个卡车司机，而不是那些世界级的权威专家，这个卡车司机就是法尔芒，他教会了我一个让我为之付出一生的人生真理，即千万不能盲目相信权威，自己的路要靠自己走。”

男孩要懂的道理

一位名人说过：“科学所以叫作科学，正是因为它不承认偶像，不怕推翻过时的旧事物，很仔细地倾听实践和经验的呼声。”没错，不盲目相信权威，才能发现更多的真理。所以，在学习过程中，你要不断培养自己的质疑精神和分辨意识，只有这样你才能掌握更多更正确的知识。

快乐成长金钥匙

学习要具有质疑精神

挪威著名剧作家易卜生说过：“社会犹如一条船，每个人都要有掌舵的准备。”假如你总是让别人为你掌舵，盲目听信那些权威专家，那么就算别人把你带到错误的方向，你也不会察觉。所以，在学习的过程中，你一定要具有质疑权威的精神，不要盲目地相信别人。例如，在学习的过程中，你要学会独立思考，敢于发问，绝不盲从，这样你才能发现新知识，提高自己的创新能力和学习能力。那么，如何培养自己的质疑精神呢？

首先，你要明确知道自己为什么质疑、质疑能给你带来什么，然后逐渐改变自己固有的学习观念。例如，上课提问能让老师帮你解答疑惑，还能让你具有参与的满足感，这些都可以提高你学习的积极性。

其次，你要学会善于提出问题。例如，你预习功课遇到不懂的问题或者复习功课有疑问时，都可以大胆地对老师提出来，这样的疑问对你的学习是十分有用的，可以增强你对知识的理解。

最后，你要勇于向权威挑战，要敢于质疑他们，因为即使最权威的专家也可能犯错，所以在发现问题时，你要敢于提出自己的疑问。

换种方式学习

1956年9月16日，大卫·科特金（后来著名的魔术师大卫·科波菲尔）出生于美国新泽西州一个俄罗斯移民的家庭。性格内向的科波菲尔从小就对魔术有着十分浓厚的兴趣。不过，因为他不善言谈，所以和其他的孩子并不能融洽地相处。

学生时代的科波菲尔学习成绩一直不好，每次考试都是倒数。在学校，老师不喜欢这个一提问总说“不知道”的男孩，同学们也都嘲笑他是个笨蛋、白痴，都不喜欢和他一起玩儿。大家都说科波菲尔的未来只会和失败相伴，永远不会成功，就连他的父母都为他的将来担心。

科波菲尔不想被别人看不起，所以他非常努力地学习，甚至比别人付出更多的时间和精力在学业上，但是他的学习成绩依然没有大的起色。所以科波菲尔很害怕去学校，他害怕同学和老师讥讽的目光，也感到万分的孤独。很多次，他都呆呆地坐在自家的门前，看着那些痛快玩耍的男孩，感叹自己未知而灰暗的未来。后来，学校甚至在考虑劝他退学。

直到有一天，科波菲尔开始了转变。这天，科波菲尔看到一个老人为了一张被老鼠咬坏的一美元钞票痛哭不已。善良的科波菲尔为了不让老人伤心，就把自己的零用钱换成了一张一美元的钞票，然后对老人说自己用魔术把钱变回来了。拿着一美元钞票的老人激动地称赞他是一个善良、聪明的孩子。

科波菲尔的父亲知道这件事后，认为儿子还“有药可救”。于是，他带着科波菲尔去了波士顿。出发的时候，科波菲尔建议坐汽车去，父亲同意了他的意见。不过，中途休息的时候，下车买东西的父亲却忘记了汽车出发的时间。就这样，科波菲尔独自坐汽车前往波士顿，同时一路上都在担心坐不上汽车的父亲怎样到达波士顿。

汽车到达波士顿，科波菲尔下车时却看到父亲正在不远处等着他。他激动地抱着父亲，哽咽着说他一路的忐忑不安和担忧，并惊讶父亲是如何到达的。

父亲对他说：“儿子，我是骑马来的。”

科波菲尔惊奇地说：“骑马？！”

父亲说：“儿子，只要能到达目的地，管它用什么方式呢！这就像你学习不成功，并不代表你在其他方面就不能成功，孩子，换一种方式吧！”

猛然醒悟的科波菲尔开始跟随一些魔术师学习魔术。后来，他慢慢地克服了自己羞涩、怯懦的性格，每天努力练习魔术。由于他在魔术方面的悟性很高，学东西也很快，而且又会创新，所以他的老师换得也很快。在短短两年的时间里，他就快速学会了4个魔术老师的全部技法。

后来，有人问大卫·科波菲尔的成功秘诀，他是这样说的：“我的父亲曾经对我说，成功对人来说好比是个固定的车站，每个人都在为怎么到达而绞尽脑汁，人人都在争夺汽车上的座位，没有得到座位的人不得不等下一班汽车，可是，为什么我们不能骑马或者乘轮船去车站呢？这样，不是也能到达目的地吗？只不过我们换了一种方式。”

其实，当年去波士顿是大卫·科波菲尔的父亲安排好的，那个小站离波士顿很近，骑马竟然比坐汽车还快，所以父亲到得比大卫·科波菲尔早。

男孩要懂的道理

学习不是只有一种方法，获得成功的道路也不是只有一条。只有符合自己的实际情况、能够激发自己学习兴趣的学习方式才是最好的。一个男孩只有找到适合自己的成功道路，才有可能早日获得成功。

快乐成长金钥匙

成功不止一条路

现在，很多家长习惯对自己的儿子说："你是男孩，不考个好大学，将来就找不到好工作，就没能力养活你自己的家！"这些话从小就在男孩的耳边萦绕，以至于很多男孩以为"我将来要没有个高学历，就没办法在社会上立足了"，事实真的是这样吗？当然不，学习的确能够改变我们的命运，但是通向成功的道路并不是只有一条。

这个世界上有各种各样的男孩，有的在学习上很有天赋，有的在音乐上很有天赋，有的在体育上很有天赋，有的在绘画上很有天赋，还有的看似没有天赋，实则有很大的发展潜力。所以，有一天你发现自己在学习语文、化学、物理等科目上没有什么大的成效的时候，不妨去发掘一下自己在其他方面的潜力，或许通过别的途径可以激发你对学习的兴趣，也更容易让你获得成功。

成功与失败不是以学习成绩的高低来判定的。其实，"三百六十行，行行出状元"，最重要的是找到最适合你自己的那条成功之路。

学习是成功的捷径

"你为什么不想去上学？"16岁的儿子阿普顿厌学，使华纳先生很吃惊。阿普顿理直气壮地回答说："我太讨厌读书了，再说，读那么多书有什么用？"

"阿普顿，你是不是觉得自己懂的东西已经足够多了呢？"华纳先生质问道。

"没错，至少我懂的知识已经比汉斯多了，他半年前就退学了。他说他再也不来上学了，他有钱的父亲会给他安排好一切的。"

阿普顿正准备出门，华纳先生说：“阿普顿，先等一等，再听我说几句话。如果你真的那么讨厌去上学，我可以尊重你的选择。但你要明白一件事：如果你不去上学，那你就得去工作，我是不会花费力气养一个无所事事的儿子的。”

于是，次日清晨，华纳先生带阿普顿去参观了一个监狱。在那儿，华纳先生与一个老朋友见了面，当年那个和他一起玩耍的少年，如今已经成了一名囚犯。华纳先生对他说：“见到你很高兴，维托先生，但是我很遗憾在这儿见到你。”

“你的遗憾不会比我的后悔更多，”维托对华纳先生说，“我想这是你的儿子吧。”

“没错，这是我的大儿子阿普顿。他现在的年纪，和我们一起上学的时候差不多。那些曾经年少的日子你还记得吗，维托？”

“我倒巴不得忘记呢，华纳！”维托感叹道，“有时候我常常希望那些只是梦。可是每天早晨醒来，我都发现所有的事情都是真的。”

“当时是怎么回事？”华纳先生问，“我记得最后一次见你的时候，你似乎过得还不错，至少比我们大多数都好。”

“事情发生的缘由和经过很简单，”维托回答说，“那时候的我游手好闲，整天和小混混在一起。我厌恶读书，不想学习，我认为有钱人家的孩子根本不用上学。我从我父亲那里继承了一大笔遗产，其中没有一分钱是我自己赚来的，当然我也不会赚钱，花钱也大手大脚。等到突然有一天我睁开双眼，发现自己什么都没有了，甚至比最穷的小职员还穷。人要生存没钱是不行的，可我又不想工作，又想手里有钱花，所以才落得如今这样的下场。”

维托被监狱管理员叫回去干活儿，华纳先生问那名管理员：“这些囚犯有多少人受过职业训练，可以用正当的手段谋生？”

“十个里面找不到一个。”管理员回答。

“阿普顿，当我告诉你必须像其他孩子一样工作时，你很吃惊，”

在回家的路上，华纳先生说，“这次到监狱来就是我的回答。也许在别人的眼中我是个有钱人，我能够供养你成年，甚至能给你提供最好的机会使你变得聪明懂事。但是，无论现在还是将来，我所拥有的财富都不能让你游手好闲地生活下去。世界上有很多父亲，只有在经历了种种挫折之后，才意识到让自己的孩子游手好闲是多么可怕的事！”

阿普顿沉思了片刻，说：“我星期一还是去上学吧！”

男孩要懂的道理

常言道：“少壮不努力，老大徒伤悲。”男孩如果在少年时代不好好学习知识，不提高自己各方面的能力，那么将来是无法立足于社会的。无论你现在是否喜欢在学校的课堂上学习知识，还是因为某些原因自学知识，只要你不停止努力学习的脚步，那么你就不会被这个社会淘汰，也一定会取得属于自己的成功。

快乐成长金钥匙

学习改变命运

如今，我们常常会听到有些男孩这样抱怨：“我学习没天分，再努力也没用！”“我们家没钱没势，以后我根本没出头之日。”“我对学习没兴趣，就喜欢玩儿！”“现在不学习照样可以有个好未来！”……这些抱怨有些源于男孩自身的原因，有些源于外在环境的影响，但无论抱怨的原因是什么，这些都只能称为借口。

一个男孩即使资质平庸，只要努力学习，找到适合自己的学习方法，照样可以比那些聪明而不学习的人成功；也许你此时家境贫寒，但只要你努力读书、积极上进，那么迟早有一天你会通过学习改变自己的命运。那些说自己对学习不感兴趣，甚至厌恶上学的男孩，首先要学会反省自己，是不是你自制力太差，经受不住外界的诱惑，才慢慢地对学习产生了厌倦，相信只要你不断激发自己对学习的兴趣，养成学习的好习惯，那么你一定可以通过学习改变自己的生活和未来。

古今中外，很多成功人士通过学习而改变了自己的命运，因为他们相信学习会充实一个人的生活，让人开阔眼界，懂得更多做人的道理，并掌握更多立足社会的本领，为你的成功奠定基础。

所以，要想改变自己的命运，你一定要努力学习。

第十章

善交往会处世为人生加分

男孩要想在错综复杂的世界中生存，必然要学会为人处世，因为“独行侠”的时代早已经结束，只有善交际会处世的男孩才能游刃有余地生活。所以，你要学会用信任来巩固友谊，用体贴和关心来亲近别人，用赞美和倾听来打动对方……

别对朋友食言

公元前4世纪，有一个名叫皮斯阿司的意大利年轻人触犯了当时的国王，为此，皮斯阿司在某个法定的日子要被判绞刑。作为大孝子的皮斯阿司希望自己在临死之前能够再见自己的母亲一面，但是他的母亲远在百里之外，自己现在是个囚徒，想要亲自表达对母亲最后的歉意看来是不可能了。不过，他的这一诚恳要求还是被告知了国王，而国王也被这个孝子所感动，决定让皮斯阿司回家与母亲相见。当然，不是无条件地放他离开，而是他必须找一个人来替他坐牢，否则他见母亲的心愿就不能实现。

国王的这一要求看似简单，实则几乎不可能实现，因为天下哪有这么傻的人，甘冒杀头危险去替别人坐牢，这不是自寻死路吗？不过，天下之大，无奇不有，还真有一个人不怕死愿意替皮斯阿司坐牢，他就是皮斯阿司的朋友达蒙。

很快，达蒙代替皮斯阿司进了牢房，而皮斯阿司则急忙赶回家与母亲诀别。意大利的民众都在静待事件的发展。但是很多天过去了，皮斯阿司就像突然消失了一样，再也没有消息。眼看刑期在即，人们都在议论纷纷，大家都在说达蒙上了皮斯阿司的当，皮斯阿司不会回来了，达蒙会因为自己对朋友的盲目信任而愚蠢地丢掉性命。

行刑日的那天，天空飘着凄冷的雨，似乎也在嘲笑达蒙一样。围观的意大利民众看到被押往刑场的达蒙，有的笑他愚蠢，有的在为他惋惜，有的幸灾乐祸，有的则在祈祷皮斯阿司能出现。但是刑车上的达蒙不但没有懊悔、恐惧、愤慨，反而有一种慷慨赴死的豪情。此时，追魂炮被点燃了，代表死亡的绞索也已经挂在了达蒙的脖子上。刑场下有些胆小的人已经吓得闭上了双眼，有些人甚至开始咒骂那个出卖朋友的小人皮斯阿司，而更多的人则开始为达蒙惋惜。

幸运的是，就在这千钧一发之际，皮斯阿司在大雨中拼命地飞奔而来，他高喊着："我回来了！我回来了！"

这是多么感人的一幕啊！众人都以为在梦中，但事实不容置疑，皮斯阿司在最后时刻赶回来了。这一消息很快传到了国王的耳中，但国王不相信世间还有这样的信任与友情，于是他亲自赶到刑场，要亲眼目睹一下自己优秀的子民。最终，国王仁慈地亲口赦免了皮斯阿司的罪，并且极力称赞皮斯阿司和达蒙之间那种朋友间的信任与忠诚。

男孩要懂的道理

苏联作家高尔基说过："真正的朋友，在你获得成功的时候，为你高兴，而不捧场；在你遇到不幸或悲伤的时候，会给你及时的支持和鼓励；在你有缺点可能犯错误的时候，会给你正确的批评和帮助。"没错，真正的友谊需要信任去维护，需要忠诚与宽容去滋养，更需要彼此的理解与互相帮助。唯有这样，友谊才会更长久，人生之路因为有朋友相伴才会更加温暖和顺利。

快乐成长金钥匙

信任是友谊的基石

很多年前，英国《泰晤士报》公开征求一个题目的答案：从伦敦到罗马，最短的道路是什么？这个题目一经发布，许多读者都热情参与，许多人都从地理位置、交通工具等方面苦寻答案，但都落选了。只有一个人写的答案获奖了，那就是一个好朋友。因为有了好友相伴，一路上闲谈说笑，不仅不会嫌路途遥远，甚至还会说时间过得太快，路程太过短暂。

由此可见，一个好朋友会让你空虚无聊的时光变得充实而有意义。但友谊一定要由信任做基石，否则再美好的友谊一旦加入怀疑与猜忌，就会让友谊的桥梁断裂，甚至永远也修复不好。

有人说，信任是检验友谊的一面镜子。就像达蒙替自己的好友皮斯阿司坐牢一样，他用实际行动来告诉世人“患难见真情”的友谊是多么可贵。其实，无论是逆境还是顺境，你都应该试着去信任朋友，并且努力做一个值得他人信任的朋友，只有相互信任才不会因怀疑而产生误解。

约瑟夫·鲁说过：“信任是友谊的重要空气，这种空气减少多少，友谊也会相应消失多少。”的确，男孩都非常渴望友谊，但同时也很讨厌自己被怀疑、被欺骗，一旦和朋友之间发生“信任缺失”事件，那么自己就可能和别人“绝交”，同样，如果你不被别人信任，别人也可能不愿继续与你交往。所以，朋友之间只有相互信任，友谊才会更牢固。

最珍贵的“片酬”

天色渐晚，结束了拍摄之后，甄子丹、洪金宝和任达华等人决定一起去吃饭，因为几人最近几天拍摄得很辛苦，而且动作戏也不少，每个人都很疲劳。所以在吃饭喝酒的时候，剧组的武术指导洪金宝就笑着对众人说：“大家别光顾着喝酒，我有一个提议，咱们划拳助兴如何？”

洪金宝一直都是众人心目中敬重的老大哥，所以他这个助兴的提议很快得到大家的响应，原本有些沉闷的饭桌上开始变得活跃、热烈起来。洪金宝也非常高兴，毕竟这几天因为拍摄每个人的神经绷得都很紧，此刻放松一下对大家都好，所以他也兴奋地和任达华划起拳来。但他不经意地看到一旁眉头紧锁的甄子丹，这个一向很活泼的小子今天怎么反应冷淡，是不是发生了什么事情呢？于是，洪金宝主动上前，与甄子丹攀谈起来。

“今天大家这么高兴，你似乎有什么心事吧？别想太多，老弟，咱俩也划划拳。”为了调动甄子丹的情绪，洪金宝试探地说。“好啊！”盛情难却的甄子丹微笑着伸出右手来。但就在这时，细心的洪金宝发现，甄子丹的动作有些别扭，于是马上体贴地问：“老弟，你的右臂怎么了？”面对老大哥的关心询问，甄子丹便不再隐瞒，叹了口气说：“前几天拍戏的时候，右臂扭伤了，现在还没有痊愈，有时候痛得厉害，因此不能过分用力。”“哦，原来是这样……”洪金宝若有所思地点了点头，接着转移话题，聊起了拍片时的感受。

此时，大家热闹地喝着酒、划着拳，渐渐地把酒桌上的气氛推向了高潮。就在这时，洪金宝突然站起身来，对大家拱了拱手说：“各位，真是抱歉，我今天有点儿事，要先走一步了，你们玩得开心点儿！”众人心里都在纳闷，不明白老大哥为什么在众人兴致最高的时候突然离开，虽然有些扫兴，但看到洪金宝大哥一副有些着急的样子，大家也不便挽留他。

洪金宝离开后，其他人继续喝酒、划拳，一直玩到深夜才各自回去休息。可是当众人回到住处时，奇怪地看到洪金宝大哥的屋子里还亮着灯。次日一大早，双眼布满血丝的洪金宝一来到拍摄现场就去找甄子丹，然后把一张连夜画出来的武术指导图交到甄子丹的手中。甄子丹惊讶地看着这张图，他发现，原本是右手出力的动作，全都换成了左手。要知道，拍摄时的武术动作都是连贯的，可谓“牵一发而动全身”，几乎所有的招式都得完全重来。

望着洪金宝大哥疲惫的身影，甄子丹恍然大悟：原来昨晚洪金宝匆忙退场以及彻夜不灭的灯光，都是在为自己尚未痊愈的手臂忙碌。顿时，一股感动的暖流涌上了甄子丹的心头。

接下来的拍摄比想象中的要顺利，因为正是洪金宝对武术动作的及时调整，让甄子丹在右臂受伤的情况下，依然能够完美地展现所有的表演动作。在后来的新片发布会上，当主创们提及拍摄的点点滴滴时，甄子丹无比动容地说：“我在拍摄《叶问》的过程中，最大的收获并非是影片带给我的丰厚片酬，而是得到了比片酬更珍贵的东西，那就是洪金宝大哥一片挚诚的帮助和关爱。”

从此之后，甄子丹与洪金宝的关系更为亲密，成了无话不谈的好朋友，而洪金宝“秘密”助人的做法，更让他获得了大家的尊重和钦佩。

男孩要懂的道理

一个渴望获得他人尊重与爱戴的男孩，不在于你自己有多么强大，也不在于你的身份地位有多高、财富有多少，而在于你是不是一个懂得体贴和关心别人的人。因为真正懂得替他人着想、懂得细心关爱他人的男孩，才更能打动人，更能获得别人的信任，也会有更多的人愿意成为你的朋友。

快乐成长金钥匙

如何做一个关心、体贴他人的男孩

要做一个懂得关心和体贴他人的男孩，首先，你要有一副热心肠。生活中，每个人都会有遭遇困境、挫折的时候，这时一句知心的话语、一声亲切的呼唤，都可能发挥出巨大的力量，所以做一个热心肠的男孩，快乐的不只是别人，还有你自己。

其次，在别人遇到困难时，不要落井下石，而是要不计回报地去帮助别人。生活中，有些男孩看见别人有困难，不但不愿伸出援助之手，反而成了一个讥讽、嘲弄别人的“看客”，这样会让你因此失去很多朋友。试想一下，如果你在痛苦不堪时，别人不帮助你，反而站在一边看笑话、说风凉话，你的心里一定也不好受吧？所以，推己及人，你一定不要在别人遇到困难时落井下石，而是要无私地帮助别人。

最后，你要学会从生活细节上去关心、体贴别人。要做一个体贴、关心别人的男孩，不仅体现在那些大事情上，还要在日常生活的点点滴滴中去向别人传达你的关心与体贴，越是小事情上想得越周到，就越能博得他人的信任和好感，人们也非常愿意和这样细致、贴心的男孩做朋友。

把赞美传递下去

新年刚过没几天，布鲁克和好友克劳德在纽约搭计程车，下车时，克劳德对司机说："谢谢，搭你的车十分舒适。"没想到司机听完这句话，有些狐疑地看着他们说："你是黑社会的吗？"

克劳德大笑一声，说道："我不是黑道上的人，也不是在拿你开玩笑，司机先生，我只是很佩服你在交通混乱时还能沉住气。"

"是呀！"司机笑着说完，便驾车离开了。

"你为什么会这么说？"布鲁克不解地问好友。

"我想让纽约多点儿人情味儿，"克劳德答道，"唯有这样，这城市才有救。"

布鲁克有些不屑一顾地说："靠你一个人的力量怎能办得到？"

克劳德说："我一个人的力量虽然微小，但是我可以起带头作用。你不觉得刚才那一句小小的赞美就让那个司机整天心情愉快，如果他今天载了30位乘客，他就会对这30位乘客态度和善，而这些乘客受了这个司机的感染，也一定会把微笑和善意传递给他们周围的人。这样算来，我的好意可间接传达给1000多人，不错吧？"

"克劳德，你的想法虽好，但你怎么能保证计程车司机会照你的想法去做呢？"

克劳德回答说："布鲁克，我并没有希望那个司机怎么做，我知道这种做法是可遇不可求，所以很多时候我尽量去赞美每一个人，因为我希望这种赞美能像快乐的声音一样，传进更多人的心里，进而让他们感到愉悦，同时又能够继续传递。"

布鲁克说："克劳德，我承认你这套理论很中听，但是它所产生的实际效果又有多少呢？"

克劳德笑笑说："可对于我来说却什么损失也没有啊！我只是开口赞美那个司机而已，这种赞美不浪费我的金钱与时间，他也不会因此少收我的车费。如果那个司机对于我的赞美无动于衷，没关系，我明天还可以称赞另一个司机啊！"

"克劳德，你还真是天真，我都怀疑你的心智是不是倒退回童年了，呵呵！"

"伙计，你这句话让我看出你是越来越冷漠了。我以前做调查员的时候，曾经调查过邮局的员工，他们最感沮丧的除了每月可怜的工资之外，就是得不到别人的肯定。如果工作过程中得到别人的赞美，那会让他们开心很久、干劲十足。"

"不过邮局的工作人员服务态度真的很差！"

"那也是因为没有人去在意和肯定他们。如果我们多给他们一些赞美、鼓励和认可，那结果就会慢慢改善的。"

布鲁克和克劳德边走边聊，经过一个建筑工地时，有几个工人正在一旁吃午餐。克劳德停下了脚步，对着那群吃饭的工人说："眼前这栋大楼盖得很宏伟，你们的工作一定很辛苦吧？真是一群了不起的人！"正在吃饭的工人们都带着狐疑的眼光望着克劳德。

"工程何时完工？"克劳德继续问道。

"6月。"一个工人随口回答道。

"这么出色的成绩，你们一定很引以为荣。"

离开工地后，布鲁克对克劳德说："克劳德，我现在有理由怀疑你是稀有动物。"

克劳德毫不在意地说："你难道不认为这些工人或许会因为我一句赞美的话而更加起劲地工作吗？伙计，我也是在做一件好事啊。"

布鲁克不同意地说："你一个人的力量太微弱了，你的赞美可能对别人来说根本不算什么。"

克劳德想了想说："我时常告诉自己别泄气，这个社会本来就没有简单就能完成的事情，更何况一句赞美别人的话也让我感到开心，而且说不定能去影响别人，这对我来说就是一种成就和快乐体验。”

男孩要懂的道理

美国著名心理学家威廉·詹姆斯说过：“人类本性中最深的期望之一是被赞美、钦佩、尊重。”由此可见，渴望赞美是每个人内心深处的一种愿望。赞美就像一剂治愈人心的良药，如果你在别人沮丧时给予他赞美，那么对方就会充满力量；如果你在别人犯错时给予适时适度的赞美，那么对方会充满信心地改正自己的错误。学会真心赞美别人的男孩，就会在人际交往中为自己增加更多人气。

快乐成长金钥匙

如何学会赞美他人

“你想要人家有什么优点，那么你就应该这样去赞美他。”这是英国著名的政治家温斯顿·丘吉尔说过的一句话。的确，诚挚地赞美他人会产生非常神奇的效果，它可以让对方充满信心，鼓励其继续勇敢进取，还可以帮助对方改正错误，促使彼此之间能够友好地合作。

赞美如冬日的阳光能驱散严寒，但赞美如果不讲究技巧和方法，很容易适得其反。例如赞美不恰当，很容易给人“拍马屁”的嫌疑，或者让人产生误会。那么，如何才能让赞美发挥它真正的效用呢？

首先，赞美要发自真心。当你称赞一个人的时候，一定要真诚，因为你的真诚是能够被对方真切地感受到的。当然，如果你虚情假意地赞美别人，一旦对方识别出你的“不真心”，那么你的赞美对别人来说就不是“力量”，而是一种不想要的“负担”。

其次，在与人交往的过程中，你要学会实事求是地欣赏和肯定别人。德国著名的剧作家歌德说过：“最真诚的慷慨就是赞美。”当你学会肯定、欣赏和赞美别人时，会让人感到无比的愉悦和满足，而且能给人带去力量和鼓励。

最后，你要学会适时地给予他人赞美、鼓励，这样不仅可以培养你的观察力，而且还有利于你建立良好的人际关系。

用心去倾听

倾听是对人最好的恭维，这一点美国汽车推销之王乔·吉拉德深有体会。

有一天，一位名人来向乔买车，乔就给他推荐了一款性能很好、设计很高档的车型。那人对这款车非常满意，并且掏出1万美元现金，可是眼看双方交易的合同就要签署了，对方却突然变卦离开了。

为此，乔一下午都在懊恼，他不知道事情怎么会变成这样，难道是对方在耍他吗？还是自己什么地方做错了？百思不得其解的乔终于在晚上忍不住给对方打了一个电话："您好，我是乔·吉拉德，今天我曾经给您介绍了一款新车，最初您已经决定要买下来了，为什么会突然变卦呢？"

对方一看时间，已经是晚上11点了，所以很生气地说："喂，你知道现在是什么时候吗？"

乔马上抱歉地说："非常对不起，我知道现在已经很晚了，打扰到您真的很抱歉。但是我检讨了一下午，实在想不出自己错在哪里了，因此我才这么晚特地打电话请教您。"

对方语气有些缓和地说："真的吗？"

"千真万确，肺腑之言。"

"很好！你现在是在用心听我说话吗？"

"十分用心。"

"可是今天我去买车的时候，你根本没有用心听我说话。就在我们交易之前，我提到我的儿子吉米即将进入密执安大学念医科，我还说他的学科成绩、运动能力以及他将来的抱负，我为我的儿子骄傲和自豪，但是你却毫无反应，你的一切神情、动作告诉我，你只想快点儿让我买下那辆车。”

乔仔细回忆了这一天发生的事情，自己根本不记得对方说过什么事情，因为他当时并没有注意，也没有仔细倾听，而且一只耳朵还在听办公室内另一位推销员讲笑话。

原来这就是乔失败的原因：对方除了想要买车，更需要别人的倾听与尊重。乔此刻终于明白了问题出在哪里，这一切都是因为他没有学着站在对方的立场思考与行动，想当然地认为双方的交易已经完成，他认真倾听或者不倾听对方的话已经没什么意义了。很显然，这种错误的认知让他失去了一位重要的客户。

男孩要懂的道理

倾听是男孩在社交场合必须掌握的一种技能，因为只有学会认真倾听别人的话语，才能体现出你对别人的尊重和好感。假如在与人交往的过程中，你根本无意倾听别人的谈话或者只顾一个人在那里夸夸其谈，那么只会让别人觉得厌烦，或者觉得你根本没有尊重他。所以，男孩最好要学会倾听，很多时候你会发现倾听别人说话比让你自己说话更能带给人益处。

快乐成长金钥匙

如何做一个善于倾听的男孩

与人交往，最重要的就是沟通，而沟通不只是靠一张嘴，很多时候你不需要多说话，只需要做一个很好的听众，就能帮你赢得很多的朋友和好感。在与人沟通的过程中，善于倾听可以表达你对对方的尊重，而且能使对方在相对宽松和信任的氛围中诉说自己的烦恼、郁闷等，更何况倾听本身就具有助人的效果。

首先，你在和别人交流时，一定要克服以自我为中心和自以为是的坏毛病，不要总是在谈论自己，或者总想占据主导地位。你要学会给对方表达自己的空间和时间，更要学会尊重别人，不要随意打断别人的谈话，更不要去深究一些不重要或者不相关的细节而打断别人。

其次，你要掌握一些倾听的技巧，例如在与人谈话时，身体微微前倾，表示你对对方所说的话很感兴趣；学会用头部动作和丰富的面部表情去回应说话者，在恰当的时候说一些类似“然后呢？”“接下来是怎么样的？”“你为什么这样觉得呢？”等能引起对方继续谈话的语句。

除此之外，你还应该注意这些方面，如果对方情绪很激动地和你谈话，你首先要安抚好对方的情绪，然后再认真倾听发生了什么事情；在对方说完后，你要适时地说一些关切的话语或者给对方一杯茶，代表你想继续倾听下去；无论对方告诉你的事情多么无趣和可笑，既然他找你倾诉，代表他信任你，所以不要嘲笑和直接躲避对方，就算你不想点评他的事情或者不赞同他的做法，也要给予他理解和安慰。假如你真的不想倾听对方的话，那么也要选择一种委婉的方式拒绝。

总之，在人际交往的过程中，多让别人说，你就能多了解对方更多的信息，而且你还能通过倾听获得更多的信任、友谊、好感等。

错了就应该道歉

出生于1952年的里卡多·马蒂内利·贝罗卡尔在2009年当选为巴拿马总统，上任伊始，他就决定对自己国家的护照进行一次大改革，希望自己国家的护照能够精致一些。

一年后，里卡多终于下令重新设计护照的颜色和图案，并且亲自审批。两个月的时间内，巴拿马的国家护照管理局遵照总统的意思，设计并制作了几本护照样品，上交到了里卡多的办公桌上。里卡多很满意这些设计，因为这些护照样品做工精细、色彩光鲜，所以他立即下令要求护照管理局用最快的速度印制投用。

但3个月后的一天，忙完公务的里卡多又心血来潮地把那几本护照样品从抽屉取出来欣赏。突然，护照上一个非常细微的错误引起了他的警觉：巴拿马的国徽中有一个十字叉是丁字镐和铁锹，但这些护照样品上却是铁锹和长柄方锤！

国徽出现错误，这对一个国家来说简直是奇耻大辱，更会让巴拿马民众成为别人耻笑的对象，里卡多决定要为自己所造成的这个失误道歉、负责。所以，他马上下令让护照管理局更正错误，并用最快的速度印制新护照，同时要求护照管理局统计出了错误护照的投用数量，没想到已经高达4万份！这也就意味着：因为总统的大意，有4万个人拿着这些国徽出错的护照在世界各地遭受着别人的耻笑！

事不宜迟，里卡多要求护照管理局快速地把这4万人的名字打印出来，他决定要在电视上向这4万人道歉。第二天晚上7点钟，里卡多准时在电视上出现在巴拿马民众面前，他首先诚恳地介绍了道歉理由，然后拿着手里的名单说："这4万人的名字分别是曼格艾尔·阿马多加·雷亚罗、南塞·夫明格·雷·奥瓦卡迪亚、查洛慈·安东尼奥·马萨克、费德里科·博伊德、雷史巴·阿罗塞门纳·塔尔瓦、贝利萨里奥·波拉斯……"

时间一分一秒地过去了，里卡多一直在念名字，整整一个半小时后，这位总统还在一个一个地念着那些名字！

守在电视机前的巴拿马民众困惑了，难道他们的总统真要把这4万个名字全念完，上帝呀，那需要多长时间啊！同时有很多人给总统府和电视台打电话询问这件事，他们从相关工作人员那里得到的答复是：总统平均念一个名字的时间是3秒钟，那么要念完4万个名字最起码要花掉33小时，如果再算上中间两次短暂的休息和上厕所、用餐的时间，那么这场电视道歉将会持续50小时！

向4万人道歉要50小时？所有人都震惊了，他们已经不去计较护照的错误有多严重，也没人去计较总统究竟是在向谁道歉，他们只希望为了总统的身体，能够阻止总统继续道歉。

里卡多还在电视里继续道歉，而连线的电话里，不断传来巴拿马民众的呼声："请转告总统先生，我们已经原谅了他的无心之过，也体会到了他的苦心，请他去休息吧！"

3小时过去了，里卡多还在道歉，依然执着而真诚地念着一个又一个名字，他的电视道歉感动了整个巴拿马，甚至感动了远在国外的所有巴拿马人，人们纷纷从海外各地打越洋电话回国，劝总统停止道歉。

但里卡多是这样回答的："假如连具体名字都不念，那还谈什么尊重与道歉呢？如果连一个道歉都无法具体地给每一个人，那还指望我为你们落实什么呢？如果我连为自己承担错误都做不到，谁还能期盼我来为这个国家承担些什么呢？"

终于，在道歉进行了将近4小时的时候，一位远居海外的巴拿马人在电话里说："尊敬的总统先生，如果您对民众们的建议如此不在意，我们还能指望您今后能听取我们什么建议呢？"这时，里卡多才有所顾忌似的抬起头来，对着与电话连线的麦克风问："你们真的愿意原谅我所犯的这个过失？"电话连线那端的听众肯定地回答："是的，总统先生，我们原谅您！"

简简单单的一句话，就让整个巴拿马一片沸腾，举国上下都在电视机前大声地说道："总统先生，我们原谅您!""我们原谅您！"直到这时，里卡多才停了下来，他对着镜头鞠了一个躬，然后说道："谢谢我可爱的巴拿马民众！"之后走下了讲台……

男孩要懂的道理

错了就应该道歉。一个男孩如果做错事还不知道道歉与悔改，那么是成不了大事的。道歉是男孩责任心的体现，而且道歉还可以帮助男孩消除与他人的误会，化解矛盾，改善男孩的人际关系。一个顶天立地的男子汉不应该害怕道歉，因为道歉是男孩勇敢的表现，也只有做错事勇于道歉的男孩才不会因为逃避或者自大而错失成功的机会。

快乐成长金钥匙

如何巧妙地向对方道歉

如果你问：“道歉有什么好处？”那么古罗马著名的雄辩家塞涅卡可以给你最好的答案：“道歉既不伤害道歉者，也不伤害接受道歉的人。”的确，男孩在做错事后学会道歉，既是自省，更能反映出一个男孩的美德和素质，而且道歉还可以化解矛盾，改善人际关系。

当然，道歉不是一句“对不起”或者“我错了”就可以完美解决问题的，也需要掌握一定的步骤和技巧，而且正确的道歉时机和方式可以帮助男孩生活得更加快乐。

首先，你要了解自己到底错在哪里，当你清楚地认识到错误并做有针对性的道歉，这样的效果会更好。

其次，做错事就要敢于承担责任。生活中有些男孩之所以不去道歉或者怕道歉，往往是因为怕承担责任，所以不敢鼓起勇气去承认自己说错话或者办错事。真正的男子汉应该勇于担责，勇于承认过失，这样才能真正有效地向别人道歉，得到别人的谅解。

再次，如果有些道歉的话你当着对方的面说不出口，那么不妨选择别的方式来代替。例如，你可以给对方写一封道歉信、短信、QQ 信息或 E-mail，表达你由衷的歉意，这样可以避免当面道歉的尴尬。

最后，你还可以选择其他的道歉方式，例如，你做错事惹父母不高兴，但又碍于自尊无法口头道歉，那么可以在做家务、学习等方面表现好一点儿，让父母看到你道歉的诚意，等等。

懂得与人合作

一家贸易公司准备招聘一个营销总监，但是报名的人很多，经过层层面试，最后剩下3个人来应聘这份待遇优厚的工作。

公司的面试官为了测验3人中谁最适合担任营销总监的角色，就给这3个人出了一道怪题：请3个应聘者到樱桃园里摘樱桃。

这3个应聘者一个是个大个子，一个身手十分敏捷，另外一个是个小个子。大家原本以为这一轮面试最后会是前两个应聘者胜出，但是结果正好相反，最后取得胜利的竟然是那个不起眼的小个子，这到底是为什么呢？

原来，这次面试是面试官们经过精心设计的，3个应聘者要摘的樱桃都在很高的位置，有的甚至在树梢上。那个个子高的应聘者尽管手一伸就能摘到很多樱桃，但毕竟有限；那个身手敏捷的应聘者尽管可以爬到树上去，但是树梢部分的他也摘不到；至于那个小个子，他一点儿优势都没有。

不过，这个个子矮小的应聘者很聪明，他意识到这次招聘非同寻常，也许每个人都是面试官，也许每一个地方都是考场，所以刚才进樱桃园的时候，他就很热情地和看守樱桃园的老人打了招呼，并且十分谦虚地请教老人如何更有效率地完成采摘樱桃的任务。老人的建议是用梯子。于是，这个小个子的应聘者向老人借了梯子，而对方也非常爽快地答应了。有了梯子的帮助，他摘起樱桃来非常方便，而且摘得比谁都多。因此，他赢得了这次面试的胜利，并最终获得了营销总监的职位。面试官后来说，正因为这个小个子懂得合作，才会最终取得成功。

男孩要懂的道理

苏联著名作家高尔基说过：“个人如果单靠自己，如果置身于集体的关系之外，置身于任何团结民众的伟大思想的范围之外，就会变成怠惰的、保守的、与生活发展相敌对的人。”没错，男孩只有懂得和别人合作才不会变成一个眼界狭窄、自以为是的人。只有在与人合作中，男孩才会学到更多的知识、经验、道理和技能，也才能把事情做得更快、更好。

快乐成长金钥匙

合作，男孩良好人际关系的基础

俗话说：“一个篱笆三个桩，一个好汉三个帮。”合作是男孩立足社会的基本条件之一，只有学会与他人合作，你才能获得更大的力量，正如英国作家塞缪尔·巴特勒所说：“不管一个人的力量大小，他要是跟大家合作，总比一个人单干能发挥更大的作用。”可见，合作能力发挥越出色的男孩，他做事的成功率就越高。

一盘散沙，哪怕它们光洁柔亮，也没有多大的用途，但如果和水泥、钢筋结合在一起，它们便能盖起一座座大厦；一滴水珠，哪怕它晶莹剔透，也洗刷不了整个天空，但如果和万千水珠化成雨落下，它便能滋润每一处干裂的土地。合作就是具有这么大的魅力，它会让你的能力、经验等成倍地增长，帮助你更快地取得成功。

自然界中有一种高大的植物——美国加州的红杉。科学家们发现，这种红杉从来不是单独生长的，它一定生长在一大片的红杉林中，这些红杉彼此根根相连，紧紧相依，亲密合作，即使遭遇自然界最疯狂的飓风，它们也依然屹立不倒。除非飓风强到可以把它们整片拔起，否则没有任何力量可以动摇红杉分毫。可见，自然界已经用最真实的事例告诉我们：合作是走向成功、战胜一切困难的最强大的力量来源。

如果你想要成功，想要获得更高的成就，那么单靠你一个人的力量是不够的，所以，只有学会与人合作，你才能创造更伟大的事业。

学会与人分享

美国南部有一个非常美丽的小镇，小镇上每年都会举办南瓜品种大赛。戴夫是种南瓜的好手，每年的南瓜品种大赛上，他都会取得十分优异的成绩。戴夫每次得奖之后，都会毫不吝啬地将得奖的种子分给街坊邻居。

莱尔是戴夫的邻居，每年他都会看到戴夫很大方地把辛苦栽培的种子分给别人，所以很诧异地问：“戴夫，每次南瓜品种大赛上你能获奖都实属不易，我看见你投入了大量的时间和精力来进行品种改良。为什么这么慷慨无私地把种子分给别人呢？你难道不怕我们的南瓜品种超过你的吗？”戴夫笑着回答说：“我之所以将种子分给大家，是为了帮助大家，也是为了帮助我自己。”

原来，小镇上几乎家家户户的田地都是毗邻相连的。戴夫将得奖的种子分给左邻右舍，大家就能改良各自的南瓜品种，同时也能避免蜜蜂在传递花粉的过程中，将周围田地里较差品种的花粉传给自己的南瓜，以便自己专心致力于品种的改良。相反，如果戴夫将得奖的种子独享，周围邻居们田地里的南瓜品种无法跟上，那么蜜蜂就容易将那些较差品种的花粉传给戴夫的优良品种。这样的话，戴夫势必要在防范方面大费周折而疲于奔命，自然很难迅速培育出更加优良的南瓜品种。

很多时候如果一个人自私与吝啬，就会给自己带来损失。在戴夫所居小镇的不远处，也有这样一个不甘于现状的农夫，他一直对自己玉米田里的收成很不满意，于是四处奔波，终于费尽心思地买来了优质的玉米种子，果然大获丰收。

这个农夫的邻居们都十分惊奇、兴奋和羡慕，恳求他能卖些新种子给他们。可是，这个农夫为保住自己的优势，果断地拒绝了。奇怪的事情在第二年发生了，这个农夫的玉米收成差了很多，等到第三年，他的收成减少了一半。最后，他终于找出了原因：原来，是邻居田里劣等玉米的花粉影响到了他的收成。

男孩要懂的道理

人们常说："助人如助己，损人不利己。"可见，男孩只有学会与人分享，学会奉献，这样才能帮助别人，而不损害自己。假如男孩因为怕与人分享而变得自私、冷漠，那么到最后自己也一定会受到伤害。分享是一种美德，更是结交朋友的主要手段，因为与人分享体现出你的慷慨、无私、善良，这样的男孩必定会受到他人的欢迎。

快乐成长金钥匙

如何学会与人分享

英国著名哲学家弗朗西斯·培根说过："如果你把快乐告诉一个朋友，你将得到两个快乐，而如果你把忧愁向一个朋友倾诉，你将被分掉一半忧愁。"可见，分享会让快乐加倍、痛苦减半。

分享不但是男孩为人处世应该具有的一种美德，更是男孩结交朋友、获得与他人合作机会的基础，只有学会分享，男孩的人际关系才会更加和谐、牢固。那么，如何学会与人分享呢？

首先，你要正确认识舍与得。生活中，很多男孩常常会说："这是我的东西，为什么要和别人分享？"没错，美好的东西人都想据为己有，但太以自我为中心往往会失去更多宝贵的东西。比如，你为了一个玩具而和好友闹翻，虽然你可以得到那个玩具，但是失去的可能是一份珍贵的友谊。有舍才有得，与人分享会让你收获更多。

其次，多点儿慷慨，少点儿计较，与人为善最重要。男子汉本来就应该慷慨、大方，这样才能在人际交往中给别人留下一个好印象，更何况计较得失只会给自己贴上"小心眼儿""吝啬鬼"等不雅的标签，让大家远离你。所以，多多与人为善，细心为他人着想，不计较得失，这样的男孩一定会为自己赢得更多的人气。

最后，你要掌握一些分享的小技巧。例如，多与别人分享快乐，会让别人感受到你的乐观积极；多与别人分享美好的东西，这样才能真切地打动别人；多与别人分享你的成功经验，会让你获得更多的尊重和信任等。

把团队精神发扬光大

出生于美国加利福尼亚州的乔治·史密斯·巴顿是美国军事史上一位耀眼的明星，他作战英勇，是一位具有政治、军事、哲学头脑的人。同时，具有“热血铁胆”“血胆老将”之称的巴顿将军也是一位非常注重团队精神的将领。

可能对巴顿将军略有了解的人认为，他个人风格非常强硬，甚至会让有些人觉得他是一个脾气火暴、爱逞英雄的个人主义者。事实上，他非常懂得如何笼络人心以及把众人的力量拧成一股绳。

第二次世界大战的时候，巴顿时常到军区医院给伤员鼓劲加油。由于战争的激烈和残酷，很多美国士兵在特洛伊伤亡不少，当时美军士气有些低落，于是巴顿让第七集团军主任军医富兰克林上校带着40枚紫心奖章，跟随他一起去战地医院看望伤员。

战地医院里到处弥漫着消毒水的味道，还有病人痛苦的哀号或呻吟声。巴顿亲切地同伤员们一一交谈，面对这位铁血将军的亲切探望，伤员们都深受感动。

巴顿探望伤员的时候，看到一个缠着绷带盖着被单的士兵，于是他走到这个士兵的面前，问道：“小伙子，你哪里受了伤？”

“在胸部，长官。”

“好，你听后可能会感到很有意思，”巴顿说，“我最后见到的是一个没有胸膛和脑袋的德国兵。到目前为止，我们已经打死和俘虏了8万多个敌人，这只是官方的数字。我已经到各处查看了，我觉得实际数字比这还要多得多，接下来打完仗会是这个数字的两倍。小伙子，快养好伤，你还要参加最后一仗呢！”

巴顿每到一个病房，总会发表不同的讲话，还对医生和护士发表了另一番讲话。

最后，他来到一个戴着氧气面罩的士兵的病床前。医生告诉巴顿，这个战士已经失去了知觉。于是，巴顿摘下了自己的钢盔跪下，然后把一枚紫心奖章别在这个士兵的枕头上，又对气若游丝的士兵耳语了几句，然后肃立，这让旁观者无不为之动容。其实，巴顿一直都很体恤下属，他曾和上级说过：“凡是受伤3次的士兵，应立即送回美国，因为他们已经为国家尽力了。”

还有一次，巴顿去病房慰问伤员，突然看到病床上躺着一个文弱的年轻人，据医院的医生说，这是一个新兵，他身体上并没有受什么伤，而是因为害怕上战场得了一种心理疾病。

巴顿非常生气，他一把将这个懦弱的逃兵从病床上拖起来扔了出去，并下令立即将他送往前线。病房中其他的人都非常惊讶，因为如果这个年轻人把他告上军事法庭，那么巴顿就可能会受到弹劾。

事后，的确有美国媒体就此事来攻击巴顿，然而那个年轻人却主动提出不想再纠缠此事。据说，这个年轻人不但在前线立下很多功劳，而且还获得了紫心奖章。

当然，也有很多媒体十分支持巴顿的举措，因为在严峻的战场上，如果将军变相纵容逃兵，那将会是对那些敢打敢拼的战士士气的一种打击。像巴顿这样处理问题，不但能够激发战士的勇气，而且更能凝聚众人齐心协力、同仇敌忾的士气。

男孩要懂的道理

一滴微不足道的水珠只有融入大海，才不会干涸。这滴水珠就像男孩，而大海就像一个团队。男孩只有让自己融入团队中去，并且具有较强的团队合作意识，努力发挥出自己最大的实力，才会让自己和所属的团队都取得巨大的成就。

快乐成长金钥匙

如何培养团队意识

有这样一则寓言故事：在广袤的非洲草原上，如果见到羚羊在飞速地奔逃，那么一定是狮子来了；如果见到狮子在仓皇躲避，那么一定是惹怒了象群；如果见到千百只狮子和大象集体逃命，那么就意味着整个蚂蚁军团来了。可见，团队的力量绝对不可小觑。那么，怎样才能更好地提高男孩的团队意识呢？

首先，你可以在体育运动中培养自己的团队意识。篮球、足球、排球等球类运动大多需要团队的友好合作才能取得优异的成绩，光逞个人英雄而不考虑整个团队，最后的结果常常是失败的。所以，你可以经常和朋友们一起去参加这些需要队员协作的体育运动，这样不但可以提高团队合作意识、增加队友感情，而且还能起到强身健体的作用。

其次，要提高自己在团队中的良性竞争意识。比如你是篮球队中的一员，其他队友和你一样都在努力提高自己的技能，你们彼此之间的合作意识也非常好，但如果你没有和他人竞争的良性意识，那么就会阻碍团队以及你个人的发展。

最后，你要多参加集体活动。男孩不应该做个“独行侠”，因为那样会让你错失很多美好的友谊和快乐。多参加集体活动，不但可以加深和同学、朋友的感情，而且也可以在集体活动中锻炼自己各方面的能力，进而不断完善自己。

看人不要戴着“有色眼镜”

一天，艾布纳和自己7岁的孙子马克在一家油炸圈饼店前停下来，他们买了一块松饼。当艾布纳和小马克向门外走去的时候，一个十几岁的少年正在朝门里走来。

这个十几岁的男孩穿着惹眼的奇装异服，而且他脑袋外面一圈没有头发，头顶上有一簇长而尖耸的红发。他的鼻孔像怪兽一样被穿了洞，一个亮闪闪的铁环从鼻孔里穿过，而且铁环上还有一根链子，垂下来挂在他还很稚嫩的脸前，链子的另一端则连在少年耳朵上戴着的一个耳环上。此时，这个令艾布纳感觉有些讨厌的少年一只胳膊底下夹着一个溜冰板，另一只胳膊底下夹着一个足球。

走在艾布纳前面的小马克看见这个少年时停住了脚步。他有些僵立在那里，艾布纳以为一定是这个少年奇怪而可怕的装扮把孙子吓坏了。但是令艾布纳感到诧异的是，小马克返身抵住门，把门开到最大限度。于是，艾布纳和那个少年正好面对面。艾布纳走到一边，让那个少年走过去。他非常有礼貌地笑着对祖孙俩说：“十分感谢你们。”

在回家的路上，艾布纳为孙子给那个年轻人开门的礼貌行为表扬了他，小马克说：“我只是觉得他需要帮助。”小马克似乎没有因那位少年的外貌而不安，他注意到的只是那个少年两只胳膊都抱满了东西的事实——他要开门很困难。

艾布纳看到的是被局部剃光了的脑袋、那簇直竖的头发以及那个穿孔和那条链子。而孙子看见的却是一个两只胳膊底下都夹了东西、正朝一扇关闭的门走去的大哥哥。

事后，艾布纳希望自己以后也能降低到孙子那样的身高，而抬高自己的眼界。

男孩要懂的道理

常言道："人不可貌相，海水不可斗量。"如果男孩以貌取人或者按照自己的好恶去主观地评判别人，那么对对方来说是不公平的，而且也很容易做出错误的判断。男孩在与人交往的过程中，不应该带着偏见识人，因为当你戴着"有色眼镜"看人的时候，很容易把人看错，也看不真切。只有凭着一颗热情、客观、公平的心与人交往，男孩才能获得更多的尊重、友谊和好感。

快乐成长金钥匙

摘掉你的"有色眼镜"

曾经有心理学家做过这样一个实验：将一个眼睛深凹、下巴外翘的人的照片分别给两组参与者试看，并且向A组介绍说："这个人是罪犯。"而向B组介绍说："这个人是著名学者。"之后，请两组人分别对此人的照片特征进行评价。

结果显示：A组认为此人眼睛深凹、下巴外翘，表明他狡猾、凶狠、顽固不化；B组则认为此人眼睛深凹、下巴外翘，表明他思想深邃、性格顽强。可见，一旦人们心中对某个人或某类人有了一定的定性认知，那么就会得出自己认为正确的结论。

事实上，这种结论很可能是不正确的，甚至是完全错误的。这就像故事中的艾布纳对那位少年的认知一样，在他的脑海中，以为那些打扮过于个性的男孩是不良少年，心中便产生了警惕和厌恶感，以至于根本没想过去帮助他。试想一下，生活中，你是不是也和艾布纳有一样的认知呢？

其实，很多时候由于我们对别人的第一印象不好或者在心中对某类人早就存有偏见，于是我们在和这些人相处的时候，往往会不客观，甚至会在冲动之下做出让自己后悔的事情。因此，在人际交往的过程中，你要尽量消除自己对别人的偏见，摘掉自己的"有色眼镜"，用客观、公正的心去与人交往，这样才不会因为误解或者不必要的矛盾而让自己错失很多朋友和那些美好的东西。

承诺不能改变

卡尔·威勒欧普是百事可乐公司的总裁，一天，他在快下班的时候接到市长先生打来邀请他参加晚宴的电话。但是卡尔毫不迟疑地谢绝了市长的好意，他是这样对市长先生说的："对不起，市长先生，我今天晚上已经说好要陪女儿过生日。我不想做一个言而无信的父亲。"

挂断电话之后，卡尔走出办公楼，去给女儿买生日礼物，接着他驱车直奔市中心新开业的游乐园，那里有他温柔的妻子和可爱的女儿正等着他一起过生日。

为了给女儿过一个无人打扰的生日，卡尔和妻子都关闭了手机，他们希望能够忘却工作的烦忧，全身心地陪伴在女儿身边，一家人能够愉快地享受这个充满生日喜悦与温情的夜晚。

但是正当卡尔和妻子兴致勃勃地看着女儿吹灭生日蜡烛并开始切分蛋糕时，他的助理有些莽撞地打断了这一家人的欢乐场面。助理把卡尔叫到旁边，小声汇报道："总裁，我们公司有一个非常重要的客户，他今晚很想见您一面。"

卡尔轻皱眉头说："可是，我已经答应了女儿，今天整晚都会陪在她身边。"

助理看着面露难色的总裁，委婉地建议说："总裁，这个重要客户之前确实没有约定，但他在这里停留的时间很短，是他临时决定要拜访您的……"

卡尔非常为难，一边是急切等待见面的重要客户，而另一边是正玩得开心的女儿。但卡尔没有犹豫很久，他就果断地对助理说："我觉得我还是应该留下来陪女儿过生日，现在你去接待一下这个客户，并替我转达真诚的歉意，同时记得跟他约好时间，届时我会亲自登门拜访。”

但是这个客户对于百事可乐公司太重要了，根本不能得罪，要不然自己也不会大晚上急匆匆地赶来。所以，助理还是再次提醒道：“总裁先生，您是不是先去……”

正在此时，得知内情的女儿通情达理地对卡尔说：“爸爸，您先去忙工作吧，妈妈陪我一样很快乐。”

但卡尔一脸坚定地说：“不，我的宝贝，我早就说过，我不想做一个言而无信的父亲。今晚，无论是市长的宴请，还是客户的约见，对我来说确实都很重要。但我一个月前已经向你许下的承诺更重要，谁都不能改变我作出的承诺。”

助理见劝说无效，只好先行离开了。

第二天一大早，卡尔上班做的第一件事，就是给昨天那个重要客户打电话道歉。没想到对方不但没有生气，反而由衷地赞叹道：“卡尔先生，其实应该是我向您道谢才对，是您用实际行动让我真切地记住了什么叫作一诺千金，现在，我终于明白百事可乐公司兴旺发达的真正原因了。”

至此之后，这个客户成了百事可乐公司最亲密的合作伙伴和卡尔的好朋友，甚至在百事可乐公司遭受最大困境的时候，也不曾动摇彼此的信任。

男孩要懂的道理

日本著名的社会活动家池田大作说过：“信用难得易失。费10年工夫积累的信用往往会由于一时的言行失掉。”的确，信用就像人际关系这座大厦的地基，一旦地基受损，那么大厦是经不起风雨侵袭的，很快就会出现裂痕，甚至倒塌。因此，必须做一个诚实守信的男孩。

快乐成长金钥匙

怎样做到诚实守信

诚信是立人之本、交友之基，正如英国著名戏剧家莎士比亚认为的那样，诚信是最能使人安心的东西。人们都喜欢和有诚信的人做朋友、谈合作，因为这样的人不会因为失信而造成自己的损失，是成功的保障。那么，怎样做一个诚实守信的男孩呢？

首先，在与人交往时，你要学会以诚相待，以信相交。交朋友最重要的就是以你的真情实意和言而有信去打动别人，去获得别人的信任、尊重和好感，这样的友谊才是长久、坚固的。如果在人际交往中，你做不到“以诚相待，以信相交”这八个字，而是选择虚伪地对待他人或者欺骗朋友，那么别人就再也不会信任你，你们之间曾经友好的关系甚至也会遭到破坏，这对你来说是得不偿失的。

其次，你必须说到做到。虽然男孩们常说：“男子汉大丈夫，一言既出，驷马难追！”但真要在现实中兑现自己的承诺，那也不是一件很容易的事情。因为很多事情你无法预料，存在很多变数，而且在兑现承诺的过程中也会遇到很多挫折和困境，如果你中途放弃，说到却做不到，那么就会因为失信于人而让自己陷于难堪的境地。因此，你要根据自己的实际能力给别人许诺，千万不要“打肿脸充胖子”，许下一些自己根本无法实现的诺言。

总之，诚实做人，诚信处世，真诚待人，你的人际关系自然会和谐、友好、顺畅很多。